1

Devocional

O CAMINHO DE MILAGRES

QUARENTA DIAS CAMINHANDO COM JESUS

VitalCenter.org

Baseada na versão João Ferreira de Almeida, 1819
Copyright © 2025 por Vital Foundation
Impresso nos Estados Unidos da América

ISBN 979-8-9863817-6-3
Versão paperback
Reservados todos os direitos

Primeira Edição

©Vital Foundation, 2025
Germantown, Maryland – U.S.A
Reservados todos os direitos

Visite nossa website
VitalCenter.org
Contato
Vital@usa.com

Dedicatória

Dedico esta obra com profunda gratidão ao Pr. Vital Barreto Pereira – homem que consagrou sua existência à causa do Evangelho – e à querida Profª Ilseny Figueiredo Pereira. Foram eles que plantaram em meu coração, ainda na tenra idade, o amor incondicional por Cristo Jesus. Cada página deste livro carrega o fruto de seus ensinamentos e exemplo. Sem sua influência sagrada, nenhuma dessas palavras existiria.

Vital Jr.

PREFÁCIO

Por quarenta dias caminhei pelo deserto e quarenta vezes resisti às tentações. Cada dia se arrastava como um ano, cada noite parecia não ter fim. Por que tanta solidão? Como seria mais fácil se minha família estivesse comigo, se meus amigos me fizessem companhia... Um dia contarei sobre as feras que me observavam à distância, vendo-me como presa; sobre a lua e as estrelas que iluminavam meu caminho. Tudo na vida começa com um sacrifício, uma provação, uma longa estrada a percorrer. Se eu perseverar com fé, ao final alcançarei o destino que escolhi. Será este o destino preparado para mim? Não importa. Se crer, alcançarei o que sonhei. Suportei os quarenta dias de fome e dor, e para cada um deles realizei um milagre que transformou vidas - às vezes de um só, às vezes de muitos, em certos momentos do mundo inteiro. Homens clamavam meu nome suplicando por misericórdia; mulheres derramavam lágrimas de angústia, mas das crianças fluía o perfeito louvor. Os cegos chegavam guiados e partiam conhecendo o caminho, e os mudos, após me encontrarem, saíam narrando histórias de alegria. Até os que carregavam correntes na alma encontravam liberdade e passavam a entoar cânticos de vitória. Muitos me apresentavam suas impossibilidades, e eu lhes ensinava: *"Tudo é possível ao que crê"*. Por vezes a morte cruzou meu caminho, mas eu a renomeei como vida, transformando seu propósito no começo de todas as coisas. O mundo corria para muitos que não podiam se mover - até ouvirem minhas palavras: *"Levanta-te e anda!"*. Aos abandonados, ofereci um lar. Aos enfermos, decidi curar.

INTRODUÇÃO

QUARENTA DIAS ELE JEJUOU NO DESERTO

QUARENTA NOITES OROU POR NÓS

QUARENTA DIAS FOI TENTADO

QUARENTA MILAGRES NOS DEIXOU

QUARENTA DIAS DA RESSURREIÇÃO À ASCENSÃO

Se meditarmos por quarenta dias em Seus milagres e maravilhas, aprenderemos muito sobre Sua bondade, misericórdia e poder. Se nos compararmos com os personagens desses milagres, com certeza encontraremos muitos pontos em comum. Nem todos receberam curas; alguns receberam livramento; outros, liberdade e salvação, porém, todos receberam seu milagre. Se Jesus fez por eles, por que não faria por nós também? Se escrevermos nossos planos e meditarmos com fé nas promessas de Deus, muitos de nossos sonhos se realizarão.

Ao fim de cada milagre, você terá a oportunidade de refletir, meditar e escrever tudo o que Deus falou através do ministério de Jesus. Escreva seus pedidos e suas orações e, depois de um ano, volte para ver os milagres que Deus fez em sua vida. Porque é impossível andar com Jesus e não receber algo de Sua bondade e misericórdia!

ÍNDICE

8

VITÓRIA SOBRE A TENTAÇÃO

O amor veio ao mundo para salvá-lo, e seu desejo era estar com todos, mas sofreu sozinho, separado de tudo e de todos. Esse episódio ocorreu logo após o batismo de Jesus. Ele foi levado ao deserto da Judeia, uma região árida e inóspita, onde enfrentou um período de solidão e provação.

Então o Espírito Santo levou Jesus ao deserto para ser tentado pelo Diabo. E, depois de passar quarenta dias e quarenta noites sem comer, Jesus estava com fome. Então o Diabo chegou perto dele e disse:

— Se você é o Filho de Deus, mande que estas pedras virem pão. Jesus respondeu:

— As Escrituras Sagradas afirmam:

"O ser humano não vive só de pão, mas vive de tudo o que Deus diz."

Em seguida o Diabo levou Jesus até Jerusalém, a Cidade Santa, e o colocou no lugar mais alto do Templo. Então disse:

— Se você é o Filho de Deus, jogue-se daqui, pois as Escrituras Sagradas afirmam:

"Deus mandará que os seus anjos cuidem de você. Eles vão segurá-lo com as suas mãos, para que nem mesmo os seus pés sejam feridos nas pedras."

Jesus respondeu:

— Mas as Escrituras Sagradas também dizem: "Não ponha à prova o Senhor, seu Deus."

Depois o Diabo levou Jesus para um monte muito alto, mostrou-lhe todos os reinos do mundo e as suas grandezas e disse:

— Eu lhe darei tudo isso se você se ajoelhar e me adorar.

Jesus respondeu:

— Vá embora, Satanás! As Escrituras Sagradas afirmam:

"Adore o Senhor, seu Deus, e sirva somente a ele." Então o Diabo foi embora, e vieram anjos e cuidaram de Jesus. Mateus 4:1-11

Quando Satanás encontrou a Jesus, ele viu a imagem perfeita e imaculada como na do primeiro homem. E por ter vencido Adão, talvez pensou que venceria Jesus com tentações comuns a todo homem. De acordo com 1 João 2:16, as três áreas de tentação são relacionadas com os "desejos da carne", "desejos dos olhos" e "soberba da vida". Essas categorias ajudam a entender como Satanás tentou Jesus, conforme descrito no episódio das tentações no deserto. Abaixo estão as três tentações de Jesus e como elas se alinham com essas áreas mencionadas na carta de João.

Cobiça dos olhos – Desejos dos olhos: Satanás mostrou a Jesus todos os reinos do mundo e prometeu-lhe poder e glória, caso Ele se prostrasse e o adorasse. Essa tentação se relaciona com a cobiça dos olhos, o desejo de posses visíveis e imediatas, como poder e riquezas. *"Novamente o transportou a um monte muito alto, e mostrou-lhe todos os reinos do mundo e a glória deles. E disse-lhe: Tudo isto te darei, se prostrado me adorares."* Mateus 4:8-9

Cobiça da carne – Desejos da carne: Quando Satanás pediu a Jesus para transformar pedras em pão, ele estava apelando para a necessidade física de Jesus, a fome. Isso se alinha com a cobiça da carne, que é o desejo de satisfazer as necessidades físicas e materiais, muitas vezes de maneira egoísta ou descontrolada. *"Se és o Filho de Deus, manda que estas pedras se tornem em pães."* Mateus 4:3

Soberba da vida – Soberba da vida: Quando Satanás pediu a Jesus para se lançar do pináculo do templo e testar se Deus o salvaria, ele estava tentando incitar a soberba da vida — a tentação de agir com presunção, desafiando Deus e buscando fama ou glória através de um ato imprudente. *"Se és o Filho de Deus, lança-te daqui abaixo; porque está escrito: 'Aos seus anjos dará ordens a teu respeito, e eles te sustentarão nas suas mãos, para não tropeçares em alguma pedra.'"* Mateus 4:6

Os únicos seres capazes de vencer o pecado foram aqueles que não tinham pecado: Adão e Eva. Depois de pecarem no Éden, toda a raça humana herdou a semente do pecado e, por essa razão, perdeu o nível espiritual da perfeição.

Ora, se Adão e Eva, que não tinham pecado, caíram na tentação, como nós, que nascemos em pecado e carregamos a semente do pecado, poderíamos vencer as tentações sozinhos? Essa foi uma impossibilidade que Jesus tornou possível. Um ser com a semente do pecado não pode, por si mesmo, vencer o pecado. Só conseguimos vencê-lo quando estamos em Cristo, com a mente de Cristo, com o Espírito Santo de Deus e na autoridade do nome de Jesus. Sem essas armas, somos alvos fáceis para as tentações. Nenhum homem pode dizer que vencerá o pecado sem a ajuda de Jesus e do Seu Espírito Santo. O apóstolo Paulo explica isso: *"não consigo realizar o bem."* Romanos 7:18-19

Por isso chamo de milagre tudo aquilo impossível ao homem. Despojado de Sua glória, sozinho e fisicamente enfraquecido pela fome, Jesus foi tentado em um momento muito desafiador. Ele foi provado em tudo, mas ao final venceu.

São nesses momentos que estamos mais vulneráveis: quando estamos sem apoio, sem amigos e sem ajuda. Satanás sabe exatamente quando nos oferecer uma solução rápida para nossos desejos e problemas. Jesus realizou muitos milagres, mas foi Sua santidade que o qualificou para isso.

Os quarenta dias de jejum de Jesus nos lembram os quarenta anos em que o povo hebreu cruzou o deserto em direção à Terra Prometida. Enquanto eles falharam ao ceder às tentações, Jesus demonstrou perfeita obediência. A cada dia que Jesus vencia no deserto, era como uma restituição pela derrota do povo em seus quarenta anos de provações. Esse foi o primeiro milagre que Jesus realizou como homem, um milagre que ninguém mais conseguiu realizar. Por esse motivo, Jesus veio sem mácula e perfeito para conquistar o que nós não poderíamos: vencer o pecado.

O que mais lhe chamou atenção?

_____

_____

_____

_____

_____

Como essa reflexão pode fortalecer sua vida espiritual?

_____

_____

_____

_____

_____

O que você diria a jesus hoje?

_____

_____

_____

_____

_____

*"Nenhuma tentação vos veio, que não fosse humana; porém
Deus é fiel; que não vos deixará tentar mais do que o que podeis, antes
com a tentação também dará a saída, para que a possais suportar."*
I Coríntios 10:13

🅰 ÁGUA EM VINHO

Essa história aconteceu em Caná da Galileia, provavelmente no ano 30 d.C. Embora o local exato ainda seja debatido, acredita-se que Caná ficava a cerca de oito a dez quilômetros de Nazaré. Era uma comunidade agrícola e, como muitas vilas galileias, tinha forte influência da cultura judaica. Na época, a região era parte da província romana da Judeia. O imperador Tibério governava Roma, enquanto Herodes Antipas ocupava o cargo de tetrarca da Galileia. O ambiente era marcado por tensões políticas e religiosas, com os judeus frequentemente em desacordo com o domínio romano. Nesse cenário de instabilidade, o ministério terreno do Messias estava prestes a começar.

Os casamentos eram eventos sociais importantes e envolviam celebrações que podiam durar entre cinco e sete dias. Para se certificarem que tudo estaria correto, designaram um mestre-sala (ou governador da festa) que era responsável por organizar a celebração e garantir que tudo corresse bem, incluindo o fornecimento de comida e vinho.

Nessa época os casamentos eram arranjados pelas famílias e os noivos pouco podiam opinar. Imagine você aí lendo um livro, como agora, e os seus responsáveis te chamando para dizer que encontraram o seu cônjuge. Por muito tempo, considerei essa prática um absurdo, uma verdadeira imposição. Como assim? Não posso escolher com quem quero passar o resto da minha vida? Porém, por outro lado, percebi que toda a pressão e dificuldade de encontrar um par perfeito desaparecem. No íntimo, pensaria: "Se algo der errado, eu não tenho culpa nenhuma e ninguém poderá me culpar."

Imagino os pais do moço indo a casa dos pais da moça para tentar conseguir intermediar um casamento, dizendo que observaram o bom comportamento da sua filha e que gostariam que ela fosse a pretendente de seu filho. Nessa cultura os pais eram responsáveis pelas perguntas importantes e pertinentes para a vida

13

a dois. No primeiro encontro dos noivos, eles não conversariam sobre essas coisas, pois tudo já estava acertado pelas famílias. Eles conversavam sobre a vida, sobre si mesmos, ou talvez sobre como seria bonita a festa de casamento, com toda a família e os amigos celebrando com eles esse momento único e inesquecível. Para eles, a ansiedade só aumentava à medida que o dia do casamento se aproximava. Apesar de toda a preparação para a festa, os noivos nunca imaginariam que um componente importante da festa poderia faltar. E assim começa a narração dessa história no segundo capítulo do livro de João.

Dois dias depois, houve um casamento no povoado de Caná, na região da Galileia, e a mãe de Jesus estava presente. Jesus e seus discípulos também foram convidados para a celebração. Quando o vinho acabou, a mãe de Jesus lhe disse:

— O vinho acabou.

Jesus respondeu:

—As tuas preocupações não são as minhas, respondeu-lhe. Ainda não chegou a minha hora. Então, ela orientou os empregados:

— Façam tudo o que ele mandar.

Por perto, havia seis bacias de pedra, cada um com capacidade para armazenar entre oitenta e cento e vinte litros de água. Essas bacias eram usadas pelos judeus em suas cerimônias de purificação. Jesus disse aos empregados:

— Encham as bacias com água.

E eles as encheram até a borda. Em seguida, Jesus ordenou:

— Agora tirem um pouco e levem ao responsável pela festa.

Os empregados obedeceram, e quando o dirigente da festa provou a água, ela havia se transformado em vinho. Ele não sabia de onde aquele vinho tinha vindo, mas os empregados sabiam. Então, ele chamou o noivo e disse: — Todos costumam servir primeiro o vinho bom e, depois que os convidados já beberam bastante, servem o vinho inferior. Mas você guardou o melhor vinho até agora. Esse foi o primeiro milagre realizado por Jesus, em Caná da Galileia. Assim, ele revelou sua natureza divina, e os seus discípulos creram nele. João 2:1-12

Enquanto os responsáveis pela festa estavam correndo de um lado para outro tentando entender e solucionar a falta de vinho, Jesus apenas observava e esperava o momento certo para fazer o milagre. Acredito que quando Maria chega a Jesus para pedir ajuda, ainda não estava determinado que o problema não tinha solução. A presença de Maria sugere uma relação próxima com a família anfitriã, talvez como parente ou amiga, mas a sua tentativa de ajuda teve que esperar o tempo certo para a realização do milagre. As mulheres da comunidade desempenhavam um papel importante na organização das festas, incluindo a supervisão da preparação de alimentos e bebidas.

A presença de vinho era essencial, simbolizando alegria e hospitalidade. A falta dele seria uma vergonha inesquecível para a família anfitriã. Todos lembrariam desse casamento como o evento em que faltou vinho, mas a presença de Jesus transformou essa história. Ele fez com que a festa fosse marcada por um grande milagre, onde o convidado converteu água em provisão, falta em abundância e vergonha em prosperidade.

Os noivos diante desse problema com certeza se perguntaram: "E agora o que vamos Fazer?" Esse foi o momento que Jesus decidiu atuar, e ordenou aos empregados em encher as bacias de pedra. A obediência deles em seguir a orientação de Jesus, foi fundamental para o milagre. O que nos mostra que mesmo o milagre sendo sobrenatural, a nossa atitude natural pode ser requerida. Sem as bacias, sem a água, sem os empregados, sem a paciência, e sem a obediência, o milagre talvez não acontecesse.

Com Jesus na nossa vida, a pergunta: "E agora?" nunca fica sem resposta, mas como os noivos, teremos que esperar o tempo certo, aprender a obedecer as orientações do Senhor e a crer que aquele que pode todos os milagres está do nosso lado. Muitos como o dirigente da festa vão nos perguntar como esse milagre aconteceu nas nossas vidas. O dirigente não sabia o que estava acontecendo nos bastidores da festa, para ele tudo aconteceu de repente e naturalmente. A sua surpresa foi de como o melhor ficou para o final.

O mundo natural oferece uma falsa liberdade e alegria passageira no começo, tudo vem de forma fácil, mas no final nos deparamos com sofrimento, tristeza e decepção. Aquilo que parecia diversão agora traz uma prisão e dependência, os seus frutos levam a morte da nossa alma. Contudo, quando obedecemos os conselhos de Deus, encontramos paz e vida eterna. Já o nosso desenvolvimento e crescimento é sempre ao contrário do natural. Passamos por provações e dificuldades que desafiam a nossa fé.

Os Noivos e Maria, tiveram que esperar e crer que Jesus estava no controle da situação. Maria, deu prova dessa fé e paciência, pois esperou, não reclamou e ainda testificou aos empregados para fazerem tudo como Jesus mandasse. Ela creu que Jesus poderia fazer algo.

Quando enfrentamos uma dificuldade ou impossibilidade, costumamos quantificar e qualificar o problema com base no nosso nível de recursos ou na probabilidade de encontrar uma solução. Se há uma possibilidade natural ou algum recurso humano capaz de resolver o problema, então não estamos, de fato, diante de um milagre.

No caso dos noivos, a probabilidade e a possibilidade de conseguirem vinho suficiente para toda a celebração, naquele momento, eram nulas. Nunca antes aconteceu algo tão maravilhoso. Ao enfrentarmos nossas impossibilidades, não devemos pensar ou dizer que algo nunca aconteceu e, por isso, é impossível. Talvez Deus deseje fazer de nós um exemplo, assim como fez com os noivos de Caná. Aquilo que nunca aconteceu com ninguém pode se realizar em nossas vidas, e nos tornaremos testemunhas vivas do poder de Deus. Com a intervenção de Jesus, eles não apenas resolveram o problema da festa, mas também receberam muito mais do que precisavam.

A abundância daquele vinho precioso poderia até ser vendida por um bom valor, trazendo um benefício adicional à família.

O escritor original dessa história não relata o motivo da falta de vinho na festa. Sempre que algo sai errado, somos rápidos em investigar a razão e, principalmente, quem foi o culpado. Da mesma forma, fazemos em nossa vida: quando algo terrível acontece, buscamos imediatamente uma causa e alguém a quem culpar. Por que o meu casamento não está dando certo? Por que as minhas finanças estão desorganizadas? Por que essa tragédia aconteceu na minha vida? Essas são perguntas válidas e honestas na maioria dos casos.

No entanto, todas essas questões, mesmo sem respostas, podem ser solucionadas se Jesus estiver presente na conversa. Ele tem as respostas de que precisamos; Ele sabe por que o vinho faltou na festa. Pouco importa a razão dos seus problemas, se, ao final, Jesus realizar o milagre. O que passou ficou no passado, e o passado não volta mais. Se a sua esperança estiver naquele que pode fazer o milagre, o futuro o aguarda com vitória.

O milagre da transformação da água em vinho carrega tantos elementos espirituais que, se não prestarmos atenção, podemos não perceber que o vinho é referido como símbolo do sangue de Jesus, derramado por todos. Assim como todos os presentes na festa receberam o vinho que Jesus ofereceu, aqueles que celebram a Ceia do Senhor, utilizando o vinho como símbolo do Seu sangue, também participam da Sua obra redentora. Do primeiro milagre à última ceia, a mensagem de redenção e nova aliança se revela de forma poderosa. João 2:1-11

O que mais lhe chamou atenção?

_____

_____

_____

_____

Como essa reflexão pode fortalecer sua vida espiritual?

_____

_____

_____

_____

O que você diria a jesus hoje?

_____

_____

_____

_____

_____

"E meu Deus suprirá todas a vossas necessidades segundo as suas riquezas em glória em Cristo Jesus."
Filipenses 4:19

🔯 FILHO DO OFICIAL

Um homem desesperado corria pela cidade em busca de um profeta conhecido por realizar milagres. Sua fé, silenciosa, é a única coisa que o mantém em movimento, em meio ao caos, ele busca uma chance, uma mudança. Assim começa a história do oficial do rei.

Jesus voltou a Caná da Galileia, onde havia transformado água em vinho. Estava ali um oficial do rei que morava em Cafarnaum. Ele tinha em casa um filho doente. Quando ouviu dizer que Jesus tinha vindo da Judeia para a Galileia, foi pedir a ele que fosse a Cafarnaum e curasse o seu filho, que estava morrendo. Jesus disse ao oficial:

— Vocês só creem quando veem grandes milagres!

Ele respondeu:

— Senhor, venha depressa, antes que o meu filho morra!

— Volte para casa! O seu filho vai viver! — disse Jesus.

Ele creu nas palavras de Jesus e foi embora. No caminho encontrou-se com os seus empregados, que disseram:

— O seu filho está vivo!

Então ele perguntou a que horas o filho havia começado a melhorar. Os empregados responderam:

— Ontem, à uma da tarde, a febre passou.

Aí o pai lembrou que havia sido naquela mesma hora que Jesus tinha dito: "O seu filho vai viver." Então ele e toda a família creram em Jesus. João 4-46-54

No decorrer deste livro, observaremos que Jesus realizou milagres de diversas formas, mostrando que o poder de Deus não pode ser limitado pelos nossos planos ou desejos. Aquele homem saiu de casa em busca de um milagre. Ele sabia quem poderia realizá-lo e tinha planejado como Jesus o faria. Como ele sabia que Jesus era capaz de realizar milagres? A cidade onde ele morava era a mesma em que ocorreu o milagre da transformação da água em vinho. Quem sabe ele também não estava entre os convidados daquele casamento? Caso não estivesse, certamente ouviu falar do milagre por meio daqueles que o presenciaram.

Quem era esse oficial do rei? Seria ele parte da nobreza? o oficial poderia ser judeu ou alguém em uma posição administrativa dentro da estrutura governamental do rei. A Bíblia não especifica a etnia ou nacionalidade do oficial, mas é possível que ele fosse judeu ou possuísse alguma ligação com a autoridade judaica local. Pelo contexto histórico, sabemos que o rei era Herodes Antipas, o mesmo para quem Jesus foi levado antes do julgamento por Pilatos. Herodes pediu a Jesus que realizasse algum sinal, pois havia ouvido falar muito sobre Ele (Lucas 23:8). Podemos imaginar que esse oficial tenha testificado ao rei sobre o milagre realizado em seu filho.

A distância entre Caná da Galileia e Cafarnaum é de aproximadamente 30 quilômetros (cerca de 18 a 20 milhas), dependendo da rota exata. Essa distância pode ser percorrida a pé em cerca de 6 a 8 horas, dependendo das condições e do ritmo de viagem. Essa área estava localizada ao norte de Israel, e muitas vezes as viagens entre essas duas cidades eram feitas a pé, como era comum na época.

Esse homem poderia mandar um empregado buscar a Jesus, mas o que ele buscava era importante demais para delegar a outro. Quando Jesus confronta a fé dos que estavam ali, ele não desiste e insiste *"Senhor, venha depressa, antes que o meu filho morra!"*. Podemos parafrasear isso dizendo: *"Se tu fores, ele não morrerá!"*.

Já havia fé em seu coração, pois a fé é a certeza das coisas que não se veem, e aquele homem possuía essa certeza. Jesus não precisou dizer: *"Tenha fé!"* ou *"Se creres verás o milagre!"* Ele apenas declarou a vitória baseada naquela fé. Simplesmente dizendo *"Volte para casa! O seu filho vai viver!"*

Tudo o que ele imaginou, Jesus fez de outra forma. Ele pensava que Jesus iria, mas Jesus não foi. Ele pensava que Jesus iria orar, impor as mãos, ungir, mas Jesus não fez nada disso. Quantas vezes tentamos fazer planos para que Deus resolva nossos problemas, mas Deus sempre tem uma solução que pode nos surpreender. Já imaginou se Jesus dissesse: 'Eu nem vou à sua casa e nem orarei pelo seu filho!'? serei essa a razão por que deus não nos fala como e quando fará os milagres nas nossas vidas?

O oficial passou pelo mesmo caminho duas vezes, mas quão diferentes foram esses percursos. Na ida caminhou apressado, desesperado e com medo de perder o seu filho querido. Ao retornar, já vinha com fé no coração e com a certeza do milagre. Por que creu, o mesmo caminho, presenciou duas realidades totalmente diferentes. A sua fé e atitude, fizeram que ele alcançasse a sua vitória. Se ficasse em casa se lamentando, o filho morreria, mas ele decidiu caminhar mesmo com medo e desespero.

O ministério de cura de Jesus começou de uma maneira surpreendente, além da compreensão humana. Com apenas uma palavra, Ele demonstrou um poder divino que transcendia o tempo e o espaço, operando um milagre à distância. Essa palavra de fé, carregada de amor, não só curou o filho do oficial, mas também trouxe esperança e alegria, transformando a dor em um testemunho vivo da compaixão de Cristo.

Naquela noite, em meio à celebração da cura, a família experimentou a paz e a comunhão que só o poder de Deus pode proporcionar. Sentados à mesa, a alegria e a gratidão eram palpáveis, como um reflexo da intervenção divina. Enquanto isso, em outra parte da casa, os servos comentavam o milagre, admirados com a autoridade de Jesus. Sem dúvida, a pergunta pairava no ar: "Como pode um homem curar apenas com as palavras?" Esse questionamento refletia o desconhecimento diante do poder de Deus, algo que transcendia a lógica humana e revelava a verdadeira natureza de Cristo, o Messias.

O episódio não só nos ensina sobre o poder de uma palavra proferida por fé, mas também sobre a importância da confiança em Jesus. O oficial não pediu por sinais visíveis ou milagres grandiosos para crer, mas confiou no que Jesus disse. Sua fé foi a chave para a cura do seu filho.

que mais lhe chamou atenção?

_____

_____

_____

_____

Como essa reflexão pode fortalecer sua vida espiritual?

_____

_____

_____

_____

_____

que você diria a jesus hoje?

_____

_____

_____

_____

_____

_____

_____

*"A oração feita por um justo pode muito em seus efeitos.
Elias era homem sujeito às mesmas paixões que nós e, orando,
pediu que não chovesse e, por três anos e seis meses, não choveu
sobre a terra. E orou outra vez, e o céu deu chuva, e
a terra produziu o seu fruto."*
Tiago 5:16b-18

▣ PESCA MILAGROSA

Na noite anterior, haviam preparado tudo para uma grande pescaria: o barco, as redes e a esperança. No entanto, retornaram apenas com o cansaço, um barco vazio e uma profunda frustração. Assim se inicia a história de Pedro e seus amigos pescadores.

Certo dia Jesus estava na praia do lago da Galileia, e a multidão se apertava em volta dele para ouvir a mensagem de Deus. Ele viu dois barcos no lago, perto da praia. Os pescadores tinham saído deles e estavam lavando as redes. Jesus entrou num dos barcos, o de Simão, e pediu que ele o afastasse um pouco da praia. Então sentou-se e começou a ensinar a multidão.

Quando acabou de falar, Jesus disse a Simão:

— Leve o barco para um lugar onde o lago é bem fundo. E então você e os seus companheiros joguem as redes para pescar. Simão respondeu:

— Mestre, nós trabalhamos a noite toda e não pescamos nada. Mas, já que o senhor está mandando jogar as redes, eu vou obedecer. Quando eles jogaram as redes na água, pescaram tanto peixe, que as redes estavam se rebentando. Então fizeram um sinal para os companheiros que estavam no outro barco a fim de que viessem ajudá-los. Eles foram e encheram os dois barcos com tanto peixe, que os barcos quase afundaram. Quando Simão Pedro viu o que havia acontecido, ajoelhou-se diante de Jesus e disse:

— Senhor, afaste-se de mim, pois eu sou um pecador!

Simão e os outros que estavam com ele ficaram admirados com a quantidade de peixes que haviam apanhado. Tiago e João, filhos de Zebedeu, que eram companheiros de Simão, também ficaram muito admirados. Então Jesus disse a Simão:

— Não tenha medo! De agora em diante você vai pescar gente. Eles arrastaram os barcos para a praia, deixaram tudo e seguiram Jesus. Lucas 5:1-11

Depois de uma longa noite de tentativas, o pescador Pedro e seus amigos decidiram voltar para a terra firme. Imagino que, em suas mentes, algumas perguntas viessem a incomodar, como: "O que aconteceu hoje? Por que não conseguimos pegar nenhum peixe?"

Enquanto limpavam as redes, não havia nada melhor a fazer do que pensar no acontecido. De repente, Jesus, que pregava na praia, decidiu usar aquele barco como plataforma para a pregação. Depois de uma noite longa e frustrante, Pedro poderia alegar cansaço e pedir que Jesus usasse outra embarcação. Essa seria uma justificativa válida, mas algo em Pedro despertou o desejo de ajudar, ou, quem sabe, a curiosidade sobre a pregação de Jesus.

Quando Jesus ordena a Pedro que pesque, ele responde que eles já haviam pescado a noite toda. Contudo, ele completa que, por causa da ordem de Jesus, eles tentariam novamente. Como por um milagre ou pura obediência, Pedro descobriu o segredo do sucesso: obedecer a Jesus. Ao se deparar com o milagre, ele se jogou ao chão como sinal de reverência e adoração. O seu sentimento de incapacidade e espanto diante do poder milagroso de Jesus foi o que ele precisava para segui-lo de forma plena.

Os homens que saíram de casa para conquistar o lago, foram conquistados por uma causa maior do que eles nunca poderiam imaginar. Ao darem conta da grandiosidade de Jesus, eles deixaram pra trás os peixes, o milagre, e o barco, e passaram a seguir aquele que fazia os milagres.

O mais importante deste milagre não foi os peixes caírem na rede, mas a revelação que esses homens tiveram, algo que, apesar de não compreenderem por completo, não ousaram deixar passar. Agora não era mais o pescador Pedro e seus amigos, mas os discípulos de Jesus e uma missão.

O que mais lhe chamou atenção?

_____

_____

_____

_____

Como essa reflexão pode fortalecer sua vida espiritual?

_____

_____

_____

_____

_____

O que você diria a jesus hoje?

_____

_____

_____

_____

_____

_____

_____

*"Deus não pode mentir quando faz uma promessa e não pode
mentir quando faz um juramento. Essas coisas encorajam
a nós que buscamos segurança em Deus."*
Hebreus 6:18

⊙ ENDEMONIADO EM 🅲AFARNAUM

Antes de chegar a Cafarnaum, Jesus estava na região da Galileia, iniciando seu ministério público. Na visita à sinagoga em Nazaré, os judeus tentaram arremessá-lo de um penhasco. Agora, em Cafarnaum, vemos que onde Jesus chegava, algo extraordinário acontecia. Marcos começa sua narração destacando esse poder transformador.

Jesus e os discípulos chegaram à cidade de Cafarnaum, e, no sábado, ele foi ensinar na sinagoga. As pessoas que o escutavam ficaram muito admiradas com a sua maneira de ensinar. É que Jesus ensinava com a autoridade dele mesmo e não como os mestres da Lei. Então chegou ali um homem que estava dominado por um espírito mau. O homem gritou:

— O que quer de nós, Jesus de Nazaré? Você veio para nos destruir? Sei muito bem quem é você: é o Santo que Deus enviou!

Então Jesus ordenou ao espírito mau:

— Cale a boca e saia desse homem!

Aí o espírito sacudiu o homem com violência e, dando um grito, saiu dele. Todos ficaram espantados e diziam uns para os outros:

— Que quer dizer isso? É um novo ensinamento dado com autoridade. Ele manda até nos espíritos maus, e eles obedecem.

E a fama de Jesus se espalhou depressa por toda a região da Galileia. Marcos 1:21-28

Jesus não veio a terra para quebrar tabus, mas para salvar a humanidade da condenação eterna. Contudo, no processo muitos tabus foram quebrados, e um deles era que espíritos malignos não podiam ser expulsos. Na sua visita a sinagoga de Nazaré, Jesus declara que veio dar liberdade aos cativos e quebrantados. Lucas 4:18 Não foi exatamente isso que ele fez a este endemoniado?

Debaixo dos olhares espantados de todos, Ele ordenou que aquele espírito saísse daquele pobre homem. Ao olharmos para uma pessoa nesse estado, podemos sentir medo ou desprezo por ela, mas Jesus olhou com compaixão, pois aquele homem estava escravizado e destruído por esse espírito maligno. Se Jesus não tivesse visitado aquela sinagoga naquele dia, com certeza esse homem teria sido expulso da reunião, mas Jesus não expulsou aquele homem, e sim o espírito que o atormentava.

Durante o seu ministério, veremos que, por diversas ocasiões, os judeus perguntavam a Jesus quem realmente Ele era. No entanto, aquele espírito logo exclamou publicamente e em voz alta que sabia exatamente quem Jesus era: o Santo enviado de Deus. Jesus não precisou se apresentar àquele homem, nem fazer uma pregação para que a sua verdadeira identidade fosse revelada. A luz de Jesus foi percebida em sua vida. Enquanto os religiosos não percebiam isso, aquele que andava nas trevas não pôde resistir ao seu brilho e autoridade.

Em uma de suas parábolas em Marcos 4:21, Jesus explica que a luz não pode ser escondida. Se estivermos em Cristo, a sua luz brilhará em nossas vidas e o mundo ao nosso redor será impactado. *"Sei muito bem quem é você!"* disse aquele homem. Esse deve ser o testemunho das pessoas que nos encontrarem.

Aquele foi o primeiro dia de uma nova vida para aquele homem. Acredito que, ao sair daquela reunião, até mesmo as pessoas que o viram passar puderam notar a diferença em sua vida. Imagino que, chegando em casa, as pessoas perguntaram: "O que aconteceu com você? Você estava agitado e desequilibrado, não conseguia dizer nada que fizesse sentido." Então, talvez ele tenha respondido: "Não sei o que aconteceu, mas só sei que encontrei um homem que mudou a minha vida. Ele não me desprezou nem teve medo da minha situação, mas proferiu palavras que me libertaram daquele meu estado de escravidão.

O que mais lhe chamou atenção?

_____

_____

_____

Como essa reflexão pode fortalecer sua vida espiritual?

_____

_____

_____

_____

O que você diria a jesus hoje?

_____

_____

_____

_____

_____

_____

"Falou-lhes, pois, Jesus outra vez, dizendo: Eu sou a luz do mundo; quem me seguir não andará em trevas, mas terá luz de vida."

João 8:12

A SOGRA DE PEDRO

Esse milagre ficou conhecido como "A cura da sogra de Pedro", mas também poderia ser chamado de "A noite de milagres." Assim narra Mateus:

Jesus foi à casa de Pedro e viu a sogra dele de cama, com febre. Jesus tocou na mão dela, e a febre saiu dela. Então ela se levantou e começou a servi-los.

Depois do pôr do sol, o povo levou até Jesus muitas pessoas que estavam dominadas por demônios. E ele, apenas com uma palavra, expulsava os espíritos maus e curava todas as pessoas que estavam doentes. Jesus fez isso para cumprir o que o profeta Isaías tinha dito:

"Ele levou as nossas doenças e carregou as nossas enfermidades." Mateus 8:14

Isso ocorreu após sua visita à sinagoga de Cafarnaum. Jesus decidiu repousar na casa de Pedro, que também ficava na mesma cidade. Após curar a sogra de Pedro e ser servido por ela, as pessoas começaram a chegar logo depois do anoitecer em busca de cura ou libertação.

Se observarmos o milagre anterior em Marcos 1:21, notaremos que isso ocorreu em um sábado. Essa foi a razão pela qual as pessoas só foram até a casa de Pedro após o término do descanso sabático. A lei proibia que caminhassem longas distâncias nesse dia. Apesar da fama dos milagres de Jesus ter se espalhado pela cidade e da libertação do endemoniado na sinagoga de Cafarnaum, todos aguardaram o pôr do sol, momento em que consideravam encerrado o sábado.

Imagino as pessoas nas janelas de suas casas esperando com ansiedade pelo fim do sábado ou sentadas nos seus pátios olhando para o céu e desejando o fim daquele dia. A esperança daquele povo era que o fim do dia também fosse o fim de seus problemas.

As ruas de Cafarnaum deveriam estar às escuras, mas muitas pessoas, com suas lanternas e lamparinas, traziam seus doentes e pedidos. Aqueles que ainda não sabiam da presença do Profeta que curava e libertava os oprimidos perguntavam às pessoas o que estava acontecendo e para onde estavam indo. Agora, muitos curiosos também seguiam para a casa de Pedro. Esses que caminhavam na escuridão precisaram de uma luz para guiá-los, mas não sabiam que Jesus era a luz do mundo e o verdadeiro caminho.

Ao chegarem à casa de Pedro e encontrarem Jesus, Ele curou e libertou todos os que necessitavam de ajuda. Acredito que aquela tenha sido uma longa noite de milagres, pois aqueles que eram curados saíam pela cidade relatando o que havia acontecido aos vizinhos. De repente, outras pessoas vinham ver esse Profeta. Lucas, em sua narração no capítulo quatro e verso quarenta em diante diz:

Depois de anoitecer, todos os que tinham amigos enfermos, com várias doenças, os levaram a Jesus. Ele pôs as suas mãos sobre cada um deles e os curou. Os demônios saíram de muitas pessoas, gritando:

— Você é o Filho de Deus!

Eles sabiam que Jesus era o Messias, e por isso ele os repreendia e não deixava que falassem.

Jesus não tinha interesse em ficar conhecido, mas em visitar tranquilamente todas as regiões de Israel. No entanto, logo sua fama se tornou um obstáculo para a pregação da mensagem de salvação e restauração.

E Mateus diz: "*Mas para que se cumprisse o que foi dito pelo profeta Isaías: Ele tomou sobre si as nossas enfermidades e levou as nossas doenças.*"

Mateus conseguiu ver o cumprimento dessa profecia quando Jesus curava as enfermidades; era como se ele as tomasse para si. O restante dessa profecia cumpriu-se na cruz. Quando Jesus se fez pecado, ele realmente tomou sobre Si toda a maldição do mundo em Seu corpo.

O que mais lhe chamou atenção?

_____

_____

_____

_____

Como essa reflexão pode fortalecer sua vida espiritual?

_____

_____

_____

_____

O que você diria a jesus hoje?

_____

_____

_____

_____

_____

_____

_____

"Pois tenho certeza que nem a morte, nem a vida, nem anjos, nem principados, nem poderes, nem o presente, nem o futuro, nem altura, nem profundeza, nem qualquer outra criatura poderá nos separar do amor de Deus, que está em Cristo Jesus, nosso Senhor."
Romanos 8:38-39

◉ LEPROSO QUE SE AJOELHA

Ele, coberto pela impureza da lepra, vivia à margem, sem esperança, afastado de todos. Mas Jesus, a pureza encarnada, estendeu a mão, tocou-o e transformou sua dor em milagre.

Um leproso chegou perto de Jesus, ajoelhou-se e disse:
— Senhor, eu sei que o senhor pode me curar se quiser.
Jesus ficou com muita compaixão dele, tocou nele e disse:
— Sim! Eu quero. Você está curado.
No mesmo instante a lepra desapareceu, e ele ficou curado. E Jesus recomenda claramente:
— Olhe! Não conte isso para ninguém, mas vá pedir ao sacerdote que examine você. Depois, a fim de provar para todos que você está curado, vá oferecer o sacrifício que Moisés ordenou. Então Jesus o mandou embora. O homem, porém, saiu e começou a contar a todos o que havia acontecido. Por isso, em pouco tempo, grandes multidões cercaram Jesus, e ele já não conseguia entrar publicamente em cidade alguma. E, embora se mantivesse em lugares isolados, gente de toda parte vinha até ele.
Marcos 1:40-44

Segundo a Lei Mosaica, um judeu que tocasse um leproso se tornava cerimonialmente impuro em Levítico 13:45-46, 14:1-9. A lepra era considerada uma impureza grave, e os leprosos eram obrigados a viver isolados, longe da comunidade. Quem os tocasse precisava passar por rituais de purificação.

O ato de Jesus tocar o leproso foi, portanto, surpreendente e escandaloso para os padrões religiosos da época. No entanto, ao invés de Jesus se tornar impuro, foi o leproso que se tornou puro. Isso demonstrou o poder divino de Cristo, que não apenas curava fisicamente, mas também restaurava espiritualmente os marginalizados.

Ao observarmos a história desse homem e compreendermos a gravidade de sua enfermidade, percebemos que aquele foi um milagre grandioso em sua vida. A lepra, nos dias de Jesus, era uma das piores doenças que alguém poderia ter. Além de ser uma enfermidade terminal, a pessoa contaminada era afastada da família e da sociedade. Dessa forma, além de uma doença física, ela também impunha uma exclusão social severa. O leproso não podia se aproximar dos seus entes queridos, não podia trabalhar, nem sequer permanecer dentro das cidades. Imagine estar doente, sem esperança, sem contato com sua família, sem amigos, e ainda tendo que viver isolado.

Diante dessa realidade, esse homem, ao ver Jesus, se aproximou com humildade e desespero. Ele se ajoelhou e implorou pela cura. Lucas, ao relatar essa história, menciona que ele se prostrou com o rosto em terra. Isso demonstra a profundidade de sua dor e sofrimento.

O texto nos diz que Jesus, compadecido, estendeu a mão e o curou. Jesus pediu que ele não fizesse alarde, pois desejava continuar pregando nas cidades, mas aquele homem não conseguiu conter sua alegria. Ele divulgou sua cura por toda parte, e isso fez com que multidões começassem a procurar Jesus, tornando difícil Sua entrada nas cidades. Assim, Ele passou a permanecer em lugares desertos, mas, ainda assim, as pessoas vinham até Ele.

Algo interessante nesse texto é que, naquela época, a lepra era vista como uma maldição de Deus, como se a pessoa estivesse sendo punida por algum pecado. Muitos associavam essa doença ao pecado. Hoje, sabemos que a lepra, chamada hanseníase, é uma doença crônica causada por uma bactéria que afeta os nervos, causando perda de sensibilidade e força nos músculos, atingindo olhos, braços e pernas. É uma enfermidade terrível e progressiva, que faz com que a pessoa perca aos poucos suas funções motoras.

No entanto, mesmo que aquele homem tivesse perdido a sensibilidade do corpo, ele não perdeu a sensibilidade espiritual. Ele reconheceu que Jesus tinha a resposta para o seu problema. Talvez ele não sentisse mais as mãos, talvez estivesse fraco nas pernas, mas teve a fé necessária para buscar a única pessoa que poderia transformar sua vida.

A forma como ele se lançou aos pés de Jesus revela seu desespero, como se fosse sua última chance de ser curado. E sabe de uma coisa? Ele pediu ajuda à pessoa certa! Quando ele se aproximou de Jesus, encontrou Aquele que poderia mudar sua história.

Toda vez que vamos a Jesus, nos dirigimos a quem pode solucionar nossos problemas. A alegria daquele homem foi tão grande que ele não conseguiu se conter. De certa forma, ele impactou o ministério de Jesus naquela região, pois a fama dos milagres tornou difícil que Ele continuasse entrando livremente nas cidades e aldeias. Mas como condená-lo? A bênção que recebeu foi tão grande que era impossível guardá-la para si.

Quando Deus faz um milagre em nossa vida, isso se torna notório para todos ao nosso redor. Aquele homem estava condenado a uma vida de isolamento e sofrimento, mas encontrou em Jesus a esperança que precisava. Talvez você esteja se sentindo como ele, achando que chegou ao fim da linha, sem solução, sem saída. Talvez esteja enfrentando um problema que parece impossível de resolver.

Um dos motivos pelos quais decidi compartilhar essa série sobre os milagres de Jesus é para lembrar a todos como é maravilhoso confiar Nele. Meu desejo é que, ao ouvir essas reflexões, você lembre, entenda ou aprenda que para Deus nada é impossível. Através de Jesus, tudo é possível!

Se Jesus fez esse milagre para aquele homem, Ele pode fazer por você também. Deus não faz acepção de pessoas. Ele te ama da mesma forma que amou aquele leproso. Quando aquele homem se lançou aos pés de Jesus e disse: "Se quiseres, podes me purificar", Jesus respondeu: "Eu quero, sê limpo." Quando Jesus toca aquele homem ele transforma aquela enfermidade em saúde e retira dele toda a maldição que aquela doença trazia.

Ao sair dali, imagino que a primeira coisa que ele fez, depois de se encontrar com o sacerdote, foi procurar sua família. Quantos abraços que antes eram impedidos, agora puderam ser vividos e apreciados.

O que mais lhe chamou atenção?

_____

_____

_____

_____

Como essa reflexão pode fortalecer sua vida espiritual?

_____

_____

_____

_____

_____

O que você diria a jesus hoje?

_____

_____

_____

_____

_____

_____

_____

"E o meu Deus, segundo a sua riqueza em glória, há de suprir, em Cristo Jesus, cada uma de vossas necessidades."
Filipenses 4:19

◙ PARALÍTICO DO TELHADO

Um grupo de homens usou a fé de forma ousada, quebrando barreiras e desafiando limitações. Eles pensaram além do óbvio, demonstrando criatividade aliada à fé.

Um dia Jesus estava ensinando, e alguns fariseus e alguns mestres da Lei estavam sentados perto dele. Eles tinham vindo de todas as cidades da Galileia e da Judeia e também de Jerusalém. O poder do Senhor estava com Jesus para que ele curasse os doentes. Alguns homens trouxeram um paralítico deitado numa cama e estavam querendo entrar na casa e colocá-lo diante de Jesus. Porém, por causa da multidão, não conseguiram entrar com o paralítico. Então o carregaram para cima do telhado. Fizeram uma abertura nas telhas e o desceram na sua cama em frente de Jesus, no meio das pessoas que estavam ali. Jesus viu que eles tinham fé e disse ao paralítico:

— Meu amigo, os seus pecados estão perdoados!

Os mestres da Lei e os fariseus começaram a pensar:

— Quem é este homem que blasfema contra Deus desta maneira? Ninguém pode perdoar pecados; só Deus tem esse poder.

Porém Jesus sabia o que eles estavam pensando e disse:

— Por que vocês estão pensando assim? O que é mais fácil dizer ao paralítico: "Os seus pecados estão perdoados" ou "Levante-se e ande"? Pois vou mostrar a vocês que eu, o Filho do Homem, tenho poder na terra para perdoar pecados.

Então disse ao paralítico:

— Eu digo a você: levante-se, pegue a sua cama e vá para casa.

No mesmo instante o homem se levantou diante de todos, pegou a cama e foi para casa, louvando a Deus. Todos ficaram muito admirados; e, cheios de medo, louvaram a Deus, dizendo:

— Que coisa maravilhosa nós vimos hoje! Lucas 5:17-26

Esse milagre fala de um homem paralítico que, na época de Jesus, vivia em uma situação miserável, pois não podia trabalhar e dependia de esmolas ou do sustento da família. Era uma condição terrível para qualquer pessoa. Apesar das dificuldades e da impossibilidade humana de resolver esse problema, os seus amigos creram que Jesus podia fazer o milagre.

Esse texto fala sobre muitas coisas: os fariseus, os escribas, a multidão e o contexto da história. No entanto, algo interessante é que o nome do paralítico não é mencionado. O escritor do texto não registrou o seu nome, mas eu garanto que ele não se importou com isso, pois saiu dali com seu milagre.

Alguns pontos interessantes, comuns aos milagres de Jesus, são:

Fé: A maioria das pessoas que receberam milagres tiveram fé.

Atitude: Elas tomaram atitudes para receber o milagre.

Coragem: Esse milagre, em particular, exigiu coragem. Aqueles homens enfrentaram o ridículo, pois nunca se havia visto alguém descer um enfermo pelo telhado. As multidões ao redor de Jesus eram tão grandes que eles precisaram ser criativos. Eles não tiveram vergonha de correr atrás do milagre.

Às vezes, nós precisamos de milagres, mas temos vergonha de clamar, de nos humilhar diante de Deus ou de corrigir nossos caminhos para recebê-los. Aqueles homens não tiveram vergonha. Eles tinham certeza absoluta de que Jesus poderia curar o paralítico. Eles pensaram: *"e colocarmos nosso amigo diante de Jesus, ele será curado"*. E não viram nenhum empecilho. Eles subiram no telhado, desceram o paralítico e o colocaram diante de Jesus. E Ele, vendo a fé deles, curou o homem.

Isso nos ensina que precisamos de uma fé sem dúvidas. Precisamos crer que Jesus é poderoso para perdoar pecados, curar, libertar e mudar nossas vidas. Qual é o milagre que você precisa? Eu também preciso de milagres, e a esperança que tenho é que podemos crescer na fé. Como? A fé vem pelo ouvir a Palavra de Deus. Se a sua fé é pequena, ouça mais a Palavra, medite nas promessas de Deus e creia. A fé crescerá em seu coração, e você receberá seu milagre.

Se pudéssemos destacar um ponto desse milagre, seria que aqueles homens tinham certeza absoluta de que Jesus iria curar. Com base nisso, faço três perguntas importantes:

1. **Qual tem sido sua atitude para receber seu milagre?**

   Você está perseverando ou desistiu? Parou de orar, de buscar, de crer? Aqueles homens, enquanto carregavam o paralítico, diziam a ele: *"Não se preocupe, vamos colocá-lo diante de Jesus, e Ele vai curá-lo!"* A cada passo, sua fé aumentava. Para receber um milagre, você enfrentará desafios. Talvez o primeiro seja a incredulidade de familiares, amigos ou colegas. Quando você diz: *"Quero ser promovido"*, eles podem responder: *"Mas você não tem qualificação!"* Ou, como disseram àqueles homens: *"Vocês não vão conseguir chegar até Jesus!"* Mas eles olharam para o telhado e pensaram: *"Por ali é possível!"* Deus tem um caminho para o seu milagre. Para Ele, nada é impossível.

2. **Você tem coragem para enfrentar dificuldades e receber seu milagre?**

   Quais são as dificuldades que você enfrenta? Você precisará de fé, coragem e perseverança para continuar buscando.

3. **Onde está sua fé?**

   Sua fé está nos homens, na ciência, nas probabilidades ou no Deus do impossível? Se eu fosse você, colocaria sua fé na mesma pessoa em que aqueles homens confiaram: Jesus. Ele é quem perdoa pecados, cura, liberta e faz milagres. Esse é o nosso Deus!

A moral dessa história é que não há dificuldade que possa impedir você de receber seu milagre. Aqueles homens tinham a mentalidade de que nada os impediria de chegar à presença de Jesus. Se você crer, verá a glória de Deus. João 11:40

O que mais lhe chamou atenção?

_____

_____

_____

_____

_____

Como essa reflexão pode fortalecer sua vida espiritual?

_____

_____

_____

_____

O que você diria a jesus hoje?

_____

_____

_____

_____

_____

_____

*"Os justos clamam, e o Senhor os ouve. Ele os livra
de todas as suas angústias."*
Salmos 34:17

PARALÍTICO DE BETESDA

Enquanto muitos dizem que a esperança demora a morrer, este homem nunca desistiu de esperar. Em meio à festa, ele vivia na tristeza e na doença, aguardando seu milagre. Sua perseverança é um testemunho de fé, mesmo quando tudo ao redor parecia distante da cura e da alegria.

Depois disso, houve uma festa dos judeus, e Jesus foi até Jerusalém. Ali existe um tanque que tem cinco entradas e que fica perto do Portão das Ovelhas. Em hebraico esse tanque se chama Betesda. Perto das entradas estavam deitados muitos doentes: cegos, aleijados e paralíticos. [Esperavam o movimento da água, porque de vez em quando um anjo do Senhor descia e agitava a água. O primeiro doente que entrava no tanque depois disso sarava de qualquer doença.] Entre eles havia um homem que era doente fazia trinta e oito anos. Jesus viu o homem deitado e, sabendo que fazia todo esse tempo que ele era doente, perguntou:

— Você quer ficar curado?

Ele respondeu:

— Senhor, eu não tenho ninguém para me pôr no tanque quando a água se mexe. Cada vez que eu tento entrar, outro doente entra antes de mim.

Então Jesus disse:

— Levante-se, pegue a sua cama e ande!

No mesmo instante, o homem ficou curado, pegou a cama e começou a andar. Isso aconteceu no sábado. Por isso os líderes judeus disseram a ele:

— Hoje é sábado, e a nossa Lei não permite que você carregue a sua cama neste dia.

Ele respondeu:

— O homem que me curou me disse: "Pegue a sua cama e ande."

Eles perguntaram:

— Quem é o homem que mandou você fazer isso?

Mas ele não sabia quem tinha sido, pois Jesus havia ido embora por causa da multidão que estava ali.

Mais tarde Jesus encontrou o homem no pátio do Templo e disse a ele:

— Escute! Você agora está curado. Não peque mais, para que não aconteça com você uma coisa ainda pior.

O homem saiu dali e foi dizer aos líderes judeus que quem o havia curado tinha sido Jesus. Então eles começaram a perseguir Jesus porque ele havia feito essa cura no sábado.

Então Jesus disse a eles:

— O meu Pai trabalha até agora, e eu também trabalho.

E, porque ele disse isso, os líderes judeus ficaram ainda com mais vontade de matá-lo. Pois, além de não obedecer à lei do sábado, ele afirmava que Deus era o seu próprio Pai, fazendo-se assim igual a Deus. João 5:1-18

Esse milagre é um dos mais longos, pois pode ser dividido em duas partes: a realização do milagre e o conflito político-religioso entre Jesus e os fariseus. A atenção será apenas na primeira parte, a do milagre, que é a mais relevante para nós.

Aquele homem estava junto ao tanque de Betesda há trinta e oito anos. Ele não conhecia Jesus, não o reconheceu e tampouco havia ido em busca dele. Em muitos outros milagres, as pessoas se aproximavam de Jesus prontas para receber sua cura. Elas tinham ouvido falar dele, vinham cheias de fé no coração e tomavam uma atitude em busca do milagre. Mas esse homem não.

Talvez esse tenha sido o motivo pelo qual ele passou trinta e oito anos doente: ele não buscava a Deus, mas depositava sua esperança no tanque. O que qualificou esse homem para receber o milagre? Ele não conhecia a Palavra, não reconheceu Jesus e, mesmo com a Palavra viva diante dele, não soube clamá-la.

Jesus, sendo a Palavra encarnada, apenas queria ouvir aquele homem dizer "quero", e a cura aconteceria. Mas ele não entendeu a pergunta de Jesus. Quando Jesus lhe perguntou se queria ser curado, ele respondeu explicando sua dificuldade de entrar no tanque, mostrando que ainda não compreendia quem estava diante dele.

Talvez ele nunca tivesse ouvido falar de Jesus, ou, se tivesse, não sabia exatamente quem era. A prova disso é que, quando os fariseus lhe perguntaram quem o havia curado, ele simplesmente respondeu que não sabia. Só depois, ao reencontrar Jesus no templo, descobriu que fora Ele quem o curara e então informou os judeus. Diante disso, percebi uma única qualidade naquele homem que o qualificou para receber o milagre: perseverança.

Ele permaneceu ali por trinta e oito anos, acreditando que um dia receberia sua cura. Como paralítico, ele poderia viver de esmolas em qualquer lugar da cidade, mas escolheu estar naquele tanque, semana após semana, dia após dia, esperando o seu milagre. Essa perseverança chamou a atenção de Jesus.

Quando Jesus olhou para ele, viu que já fazia muito tempo que estava naquela condição. Pelas roupas, pelo semblante, pela tristeza, Jesus sabia que aquele homem esperava há anos. Talvez, ao longo desse tempo, muitas pessoas tenham dito a ele: *"Você nunca será curado, porque não tem ninguém que o ajude."* Com o passar dos anos, ele começou a acreditar nisso. Mas, ainda assim, ele continuava indo ao tanque.

A grande questão é que o paralítico tinha fé no tanque, e não em Deus. Ele esperou muitos anos porque acreditava que a cura viria daquela água. Se tivesse colocado sua fé em Deus, esperaria tanto. Quantas vezes nós também esperamos por um milagre da maneira que queremos, do jeito que imaginamos? Mas o milagre nem sempre acontece da nossa forma, porque ele precisa ser bênção na nossa vida, e não maldição.

Às vezes, pedimos algo a Deus e achamos que só o milagre resolverá nossa situação. Todavia, se aquilo não for uma bênção para nós, Deus não nos dará. Porque tudo que vem de Deus é bom, perfeito, agradável, enriquece e não acrescenta dores. Se o milagre que buscamos não tem essas características, então não é a vontade de Deus para nós.

No caso do paralítico, sua cura foi uma bênção. Mas ele demorou tantos anos porque colocou sua fé no lugar errado. Se não fosse a misericórdia de Jesus, ele nunca receberia sua cura.

Muitos doentes estavam ali, mas Jesus foi falar diretamente com aquele paralítico. Sua condição atraiu a misericórdia do Senhor. Notamos que, mesmo depois da cura, Jesus ainda o aconselha sobre sua vida natural e o adverte para que não peque mais, pois algo pior poderia acontecer com ele. O que poderia ser pior para um homem que passou tanto tempo enfermo? A pior coisa que pode acontecer a alguém é a morte sem Deus. Jesus o advertiu porque sabia que, depois de tanto tempo naquela condição, ele poderia ser tentado a recuperar o tempo perdido e acabar pecando. Verdadeiramente, aquele homem recebeu duas grandes oportunidades de Deus: uma para a cura física e outra por meio de um grande conselho para sua vida.

Hoje, temos a misericórdia de Deus constantemente sobre nós, e Sua Palavra nos orienta a vencer em todas as áreas da nossa vida. A qualquer momento em que lemos a Sua Palavra e ouvimos Seus conselhos, é como se Jesus estivesse ao nosso lado, nos guiando e aconselhando.

Que nós tenhamos discernimento para colocar nossa fé em Deus e não em outros recursos. E que estejamos prontos para receber a vontade de Deus em nossas vidas, para que não precisemos esperar trinta e oito anos por um milagre.

Se pudéssemos extrair uma lição-chave desse milagre, seria esta: nunca desista do seu milagre, por mais demorado ou difícil que pareça. Mesmo diante da dificuldade, aquele paralítico nunca desistiu. Ele sempre voltava ao tanque, esperando seu milagre. Mas hoje, nós não precisamos ir a um tanque ou a um lugar específico: precisamos apenas ir a Jesus, porque Ele é a fonte da vida e a razão dos nossos milagres.

que mais lhe chamou atenção?

_____

_____

_____

_____

Como essa reflexão pode fortalecer sua vida espiritual?

_____

_____

_____

_____

que você diria a jesus hoje?

_____

_____

_____

_____

_____

_____

_____

*"Não estejais ansiosos por coisa alguma; mas em tudo,
por meio de orações e súplicas com ações de gratidão, sejam os
vossos pedidos conhecidos por Deus; e a paz de Deus, que
excede todo entendimento, guardará os vossos corações e
as vossas mentes em Cristo Jesus."*
Filipenses 4:6-7

▦ MÃO DO HOMEM

Entre muitos milagres, este se destaca pela simplicidade e profundidade. No sábado, dentro da sinagoga, Jesus cura um homem sem que este peça ou demonstre fé. Esse gesto revela a misericórdia divina, a soberania de Cristo e a prioridade do amor sobre as regras religiosas.

Num outro sábado Jesus entrou na sinagoga e começou a ensinar. Estava ali um homem que tinha a mão direita aleijada. Então algumas pessoas que queriam acusar Jesus de desobedecer à Lei lhe perguntaram:

— É contra a nossa Lei curar no sábado?

Jesus respondeu:

— Se um de vocês tiver uma ovelha, e no sábado ela cair num buraco, será que ele não vai fazer tudo para tirá-la dali? Pois uma pessoa vale muito mais do que uma ovelha. Portanto, a nossa Lei permite ajudar os outros no sábado.

E disse para o homem:

— Estenda a mão!

Ele estendeu, e ela sarou e ficou igual à outra.

Então os fariseus que estavam ali saíram e começaram a fazer planos para matar Jesus. Lucas 6:6, Mateus 12:10b

Esse milagre acontece num sábado, dentro de uma sinagoga, e os religiosos sempre buscam primeiro a religião do que, propriamente, fazer o bem. Na lei dos judeus, era proibido fazer força, esforço, trabalhar e até mesmo cozinhar nos sábados. Até hoje, os judeus ortodoxos não fazem nada disso no sábado. Eles têm uma distância certa que podem caminhar, e nada é feito em casa. Tudo aquilo que envolve esforço é proibido, porque o sábado é um dia de descanso total.

Eles já sabiam que Jesus curava todos os dias da semana. Também sabiam que Jesus curava nos sábados. Então, estavam esperando que Jesus realizasse alguma cura para poderem acusá-lo de estar quebrando o sábado.

Ora, Jesus não quebrou o sábado, porque ele não fez nenhum esforço físico. A única coisa que ele usou foram suas palavras. Mas Jesus foi além para explicar a eles que, pela lei, qualquer um deles poderia remover um animal que estivesse sofrendo sem quebrar a lei. Então, Jesus os questionou nesse sentido:

"Ora, vocês podem salvar um animal, mas não podem salvar um homem? Vocês podem fazer o bem a um animal, mas não podem fazer o bem a um homem?"

Se fosse eu, justificaria de outra maneira. Eu diria: *"Estou gastando a mesma saliva para curar esse homem que estou gastando conversando com vocês. Como isso pode ser quebrar o sábado?"* Mas Jesus decidiu fazer dessa forma. E quem sou eu para discordar de Jesus?

O mais importante desse milagre não é tanto o lado religioso ou legal da história. O lado mais interessante, para mim, é quem recebe a cura, quem recebe a bênção. No final, aquele homem saiu de casa de manhã de um jeito, debaixo de maldição, e voltou debaixo da bênção. Isso, para mim, é a coisa mais importante.

Analisando o texto, percebo que, diferentemente de outros milagres, esse homem não precisou de nada do que muitos outros precisaram. Esse homem não fez nada, não creu em nada, não se humilhou em nada e não teve nenhum tipo de atitude de ir atrás de Jesus ou de implorar a ele. Esse é um dos milagres mais curtos da Bíblia, mas muito interessante porque é diferente de tantos outros.

Esse homem saiu de casa de manhã como alguém que sai com um cheque no bolso. Se perguntassem a ele: *"Você tem dinheiro?"*, ele diria: *"Tenho."* Mas se perguntassem: *"Cadê o dinheiro?"*, ele responderia: *"Está no banco, estou indo agora sacar."* A benção já estava pronta esperando por ele. Esse homem saiu de casa enfermo, mas na verdade no mundo espiritual, ele já havia recebido o milagre, sem nem mesmo saber, mas Deus sabia.

Ele não precisou de fé, de atitude, nem de se humilhar. Ele simplesmente estava na hora certa, no lugar certo, na presença da pessoa certa. Esses três fatores foram decisivos, pois ele estava na sinagoga exatamente no dia em que Jesus demonstraria que salvar uma vida humana é mais importante do que preservar um animal. Aquele homem não fez nada. E não é assim muitas vezes na nossa vida? Recebemos tantas coisas de Deus sem fazer nada, simplesmente pela misericórdia dele. Todos os dias recebemos livramentos, o pão de cada dia e tantas outras bênçãos do Senhor sem fazer nada para merecê-las. Mas Deus age assim: *"Eu quero, eu vou te abençoar, e você será abençoado."* A única coisa que aquele homem fez foi obedecer a Jesus. Quando Jesus disse: *"Estende a tua mão"*, ele obedeceu.

Então, mesmo que ele não tenha tido fé, atitude ou humildade, no final das contas, ele obedeceu à voz de Jesus. Esse é o segredo! Mesmo que você não tenha fé suficiente, mesmo que não esteja pronto ainda, obedeça à voz do Senhor. Creia no que Jesus está falando com você. Mesmo que sua fé não esteja no mais alto nível, mesmo que você não se sinta pronto, mesmo que não seja pelo seu sacrifício, escute o que Jesus tem para a sua vida.

A única coisa que ele precisou foi estar na presença de Jesus e entrar em contato com a unção de cura dele. E é isso que nós precisamos: estar na presença do Senhor para que possamos receber a sua unção para a nossa vida. Existe uma unção para cada um de nós, uma bênção separada para cada um de nós, em Cristo Jesus.

O versículo da salvação de hoje, que quero deixar para vocês, está em João 5:24:

"Eu asseguro: quem ouve a minha palavra e crê naquele que me enviou tem a vida eterna e não será condenado, mas já passou da morte para a vida."

A única coisa que você precisa fazer é crer na palavra de Jesus e naquele que o enviou para ter a vida eterna.

Se temos uma aliança com Deus através de Jesus, nossa vida é transformada. Com essa aliança, os benefícios são maiores.

Com a aliança, a proteção é garantida. Há uma grande diferença entre quem tem uma aliança com Deus e quem não tem.

No fim de todas as coisas, essa diferença ficará ainda mais clara: aquele que serve a Deus e aquele que não serve, aquele que tem aliança e aquele que não tem. Deus quer fazer uma aliança com você hoje. Ele quer renovar seus votos com você hoje. Sabe por quê? Porque há muitas coisas que Deus quer fazer na sua vida, mas não pode, porque sua aliança com Ele está quebrada, manchada ou, talvez nem exista. Aquele homem tinha a aliança de Abraão sobre ele e estava na casa de Deus, mesmo com todos os seus problemas. Talvez ele nunca esperasse ser curado daquela forma, mas a graça de Deus o alcançou naquele sábado pela manhã.

Jesus pregava: *"Vinde a mim, vinde a mim, vinde a mim."* *E é isso que ele está dizendo para você hoje: "Vem! Eu tenho vida, e vida em abundância para ti!"* Mas você precisa tomar uma decisão para que sua vida mude. E eu te asseguro que, quando você acerta sua aliança com Deus, passa a estar na posição de receber benefícios que você não fez nada para merecer, mas se qualifica para recebê-los.

O ponto-chave desse milagre, para mim, é que o homem não fez nada para merecer. Sabe o que eu entendi com isso? Quando Deus vai te dar um milagre, nada pode impedir que você o receba. Jesus decidiu curá-lo, e não seria a religião, o sábado, a lei, a fé ou a condição daquele homem que impediriam a cura.

Entre em aliança com Deus para que você possa receber tudo o que Ele preparou para você, sem precisar entender ou questionar por que está recebendo tantas bênçãos. Ao chegar em casa após um dia cansativo e deitar a cabeça para descansar, você pode pensar: "Venci mais um dia. Cheguei em casa em segurança, tenho comida e bebida na geladeira, água para tomar um banho e relaxar da tensão diária, uma cama para dormir e um teto para me proteger." Mas, mesmo que você não tenha nada disso, saiba que existe uma noite entre o seu dia de derrota e um novo dia para tentar novamente e alcançar a sua vitória.

que mais lhe chamou atenção?

_____

_____

_____

_____

Como essa reflexão pode fortalecer sua vida espiritual?

_____

_____

_____

_____

que você diria a jesus hoje?

_____

_____

_____

_____

_____

_____

"E tudo quanto pedirdes em meu nome eu o farei, para o Pai ser glorificado no Filho. Se pedirdes alguma coisa em meu nome, eu o farei."
João 14:13-14

▧ PROFECIA

Após um milagre no sábado, Jesus se vê diante da oposição feroz dos fariseus, que tramam contra Ele. Mesmo ameaçado, Ele se retira, mas sua compaixão não se apaga. Continua a curar os enfermos, revelando o amor que transcende o ódio e a perseguição.

Então, os fariseus que estavam ali saíram e começaram a fazer planos para matar Jesus. Quando Jesus soube disso, foi embora dali, e muita gente o seguiu. Ele curou todos os que estavam doentes e ordenou que não contassem nada a ninguém a respeito dele. Isso aconteceu para se cumprir o que o profeta Isaías tinha dito:

"Disse Deus: Aqui está o meu servo que escolhi, aquele que amo e que dá muita alegria ao meu coração. Eu porei nele o meu Espírito, e ele anunciará o meu julgamento a todos os povos. Não discutirá, nem gritará, nem fará discursos nas ruas. Não esmagará a cana quebrada, nem apagará o pavio que fumega. Ele agirá assim até que a causa da justiça seja vitoriosa. E todos os povos vão pôr nele a sua esperança." Mateus 12:14-21

Esse episódio revela não apenas o poder e a misericórdia de Cristo, mas também o cumprimento das Escrituras, mostrando que Ele era o Servo escolhido por Deus. Os fariseus eram líderes religiosos rígidos na observância da Lei e viam Jesus como uma ameaça ao seu controle sobre o povo. A cura no sábado, considerada uma violação da lei judaica, intensificou o ódio contra Ele, levando-os a planejar sua morte. Apesar disso, Jesus não confrontou diretamente seus opositores, mas se afastou, seguindo o plano divino. Mateus associa esse momento à profecia de Isaías, destacando o caráter manso e compassivo do Messias, que não buscaria reconhecimento humano, mas cumpriria sua missão com justiça e misericórdia.

50

A profecia revela a identidade messiânica de Jesus como o Servo de Deus, cheio do Espírito Santo, que veio para restaurar os fracos e trazer esperança a todas as nações. Sua atitude de não buscar conflito e continuar sua obra em silêncio reflete sua natureza divina e a maneira como o Reino de Deus opera, não pela imposição, mas pelo amor e justiça. Alguns pontos importantes se sobressaem como:

Começaram a fazer planos para matar Jesus

Jesus não revida a perseguição, mas age com sabedoria, retirando-se para continuar sua missão. Isso nos ensina que, diante da oposição, devemos confiar no propósito de Deus e seguir firmes, sem desanimar.

A ordem para não divulgar os milagres

Jesus frequentemente pedia discrição sobre seus feitos. Isso pode ter várias razões: evitar uma visão distorcida de seu papel como Messias, impedir que as autoridades acelerassem sua perseguição e manter o foco em seu ensino, e não apenas nos milagres. Os Evangelhos Sinóticos registram pelo menos seis ocasiões em que Jesus instruiu que Seus milagres não fossem divulgados

Ele curou todos

Jesus continua a curar aqueles que o seguem, revelando que sua compaixão e poder permanecem inabaláveis, independentemente das circunstâncias. Isso nos ensina que, não importa quais sejam as dificuldades, Ele estende suas mãos com graça e amor, sem distinção entre as pessoas. Em seis ocasiões, observamos Jesus curando a todos. Apenas onde havia incredulidade, Ele não pôde fazer grandes milagres.

Não esmagará a cana quebrada

Na simbologia presente neste texto, a "cana quebrada" representa aqueles que estão feridos, rejeitados e deixados de lado pela sociedade. Jesus, apesar de anunciar o julgamento de Deus, não veio para condenar, mas para salvar, restaurar e resgatar a todos os perdidos.

Nem apagará o pavio que fumega

O "pavio que fumega" simboliza alguém que já teve sua fé ou paixão espiritual em chamas, mas que agora está enfraquecido, restando apenas um leve sinal de vida espiritual. Esse pavio pode ser comparado a uma pessoa à beira da morte espiritual. Nos tempos bíblicos, a lamparina era o principal meio de iluminação, e podemos usá-la como exemplo para compreender essa metáfora. Um pavio quase apagado, com uma chama fraca, ainda pode ser reacendido.

Jesus declarou: *"Eu sou a luz do mundo. Quem me segue nunca andará em trevas, mas terá a luz da vida."* João 8:12.

Esse milagre vai além da cura física. Ele mostra a resistência dos fariseus, a humildade de Jesus e o cumprimento das Escrituras. Aprendemos que o Reino de Deus não se impõe pela força, mas pelo amor, pela justiça e pela obediência à vontade do Pai.

Aquele povo que o seguia, reconheceu o seu poder e autoridade sobre as enfermidades e os espíritos malignos. À medida que as pessoas eram curadas a sua fama apenas aumentava e muitas outras vinham se juntar as multidões. Mesmo pedindo a eles que não divulgassem sobre ele, isso não acontecia e todos queriam conhecer o profeta que ensinava com autoridade e curava a todos.

O que mais lhe chamou atenção?

_____

_____

_____

_____

Como essa reflexão pode fortalecer sua vida espiritual?

_____

_____

_____

_____

O que você diria a jesus hoje?

_____

_____

_____

_____

_____

_____

_____

_____

*"A paz vos deixo, minha paz vos dou; vou dá-la a vós,
não como o mundo a dá. Não se perturbe o vosso coração,
nem se atemorize. Já ouvistes que vos
tenho dito: Vou, e venho a vós."*
João 14:27-28

◉ SERVO DO CENTURIÃO

Um oficial romano, com cem homens sob seu comando, se curva em humildade, buscando Jesus por aquele que amava. Mateus e Lucas nos contam sobre esse milagre, onde o poder da fé supera a autoridade humana, e a cura vem pela confiança no Senhor.

Quando Jesus acabou de dizer essas coisas ao povo, foi para a cidade de Cafarnaum. Havia ali um centurião romano que tinha um empregado a quem estimava muito. O empregado estava gravemente doente, quase morto. Quando o oficial ouviu falar de Jesus, enviou alguns líderes judeus para pedirem a ele que viesse curar o seu empregado. Eles foram falar com Jesus e lhe pediram com insistência:

— Esse homem merece, de fato, a sua ajuda, pois estima muito o nosso povo e até construiu uma sinagoga para nós. Então Jesus foi com eles. Porém, quando já estava perto da casa, o oficial romano mandou alguns amigos dizerem a Jesus:

— Senhor, não se incomode, pois eu não mereço que entre na minha casa. E acho também que não mereço a honra de falar pessoalmente com o senhor. Dê somente uma ordem, e o meu empregado ficará bom. Eu também estou debaixo da autoridade de oficiais superiores e tenho soldados que obedecem às minhas ordens. Digo para um: "Vá lá", e ele vai. Digo para outro: "Venha cá", e ele vem. E digo também para o meu empregado: "Faça isto", e ele faz.

Quando Jesus ouviu isso, ficou muito admirado e disse aos que o seguiam:

— Eu afirmo a vocês que isto é verdade: nunca vi tanta fé, nem mesmo entre o povo de Israel! E digo a vocês que muita gente vai chegar do Leste e do Oeste e se sentar à mesa no Reino do Céu com Abraão, Isaque e Jacó. Mas as pessoas que deviam estar no Reino serão jogadas fora, na escuridão. Ali vão chorar e ranger os dentes de desespero.

E Jesus disse ao oficial: Vá para casa, pois será feito como você crê. E naquele momento o empregado do oficial romano ficou curado. Lucas 7:1-9

Jesus admirou-se da fé daquele homem, pois ele demonstrou um entendimento profundo sobre ela. Ele não apenas creu no poder restaurador de Jesus, mas compreendeu que a fé não conhece limites, nem mesmo os da distância. Ao comparar sua autoridade à obediência de seus soldados, foi como se ele enxergasse a fé também como um servo do Senhor, pronta a obedecer a tudo o que Ele ordenasse. Se meu servo me obedece, por que a fé não obedeceria a Ti?

Ele também se humilhou, admitindo que não era digno de que Jesus entrasse em sua casa. Essa é uma qualidade rara entre homens de autoridade e liderança. A humildade, muitas vezes, pode ser interpretada como fraqueza ou insegurança, mas ele não se importou com isso.

Apesar de o texto não revelar muito sobre o seu caráter pessoal, o contexto fala muito sobre quem ele era. Os líderes judeus foram até Jesus para dar um bom testemunho sobre a generosidade dele ao construir uma sinagoga para o povo. Se prestarmos atenção, ao final, até Jesus estava dando um bom testemunho a seu respeito.

O texto não revela que tipo de servo estava doente: poderia ser um membro de sua guarnição de cem soldados ou alguém que o auxiliava em sua casa. A única percepção que temos é que era alguém querido. O amor do centurião me faz refletir sobre o amor e o cuidado do bom pastor da parábola, que deixa as noventa e nove ovelhas para ir atrás da única que se perdeu. Ambos tinham cem, mas, por apenas um, deixaram tudo e foram em busca da salvação.

O bom Pastor da parábola simboliza o Deus Pai, aquele que faz tudo para reaver a sua ovelha perdida, Jesus foi aquele que o Pai enviou para nos resgatar. O centurião poderia facilmente conseguir outro servo no reino, assim como o bom pastor poderia buscar uma nova ovelha para substituir a que se perdeu. No entanto, a singularidade de cada ser vivo faz toda a diferença. Um outro servo não seria aquele servo amado; uma outra ovelha não seria a mesma ovelha querida.

Você já refletiu sobre a sua singularidade? Entre todos os seres do universo, nunca existiu e nunca existirá alguém exatamente como você. Talvez essa seja uma das razões pelas quais Jesus amava a todos igualmente, sem fazer distinção entre pobres e ricos, sábios e tolos, curados ou enfermos.

Jesus frequentemente elogiava a fé daqueles que demonstravam confiança inabalável em seu poder e autoridade, como fez com o centurião. Se Ele olhasse para a nossa fé hoje, será que a consideraria admirável ou pequena?

Jesus quis dizer que a fé genuína não está restrita àqueles que nasceram do povo de Israel ou que possuem uma herança religiosa, mas é reconhecida e valorizada por Deus independentemente da origem. Ao elogiar a fé do centurião, Ele destacou que essa confiança inabalável superava até mesmo a fé que Ele havia encontrado entre o povo de Israel. Além disso, ao afirmar que "muita gente vai chegar do Leste e do Oeste e se sentar à mesa no Reino do Céu", Jesus previu que o acesso ao Reino não seria limitado a um grupo exclusivo, mas aberto a todos os que demonstrassem fé verdadeira.

Por outro lado, aqueles que, embora fossem parte do povo de Israel, não reconheceram ou não cultivaram essa fé seriam rejeitados, resultando em uma condenação espiritual descrita como um lugar de tristeza, onde "irão chorar e ranger os dentes de desespero". Em resumo, Jesus estava ensinando que a salvação depende da fé autêntica e que Deus valoriza aqueles que creem, independentemente de sua origem, enquanto a mera filiação é insuficiente se acompanhada de incredulidade.

O que mais lhe chamou atenção?

_____

_____

_____

_____

Como essa reflexão pode fortalecer sua vida espiritual?

_____

_____

_____

_____

O que você diria a jesus hoje?

_____

_____

_____

_____

_____

_____

_____

*"E respondendo Jesus, disse-lhes: Tende fé em
Deus. Porque em verdade vos digo, que qualquer que disser a
este monte: Levanta-te, e lança-te no mar; e não duvidar em seu
coração, mas crer que se fará dizendo,
tudo o que disser lhe será feito."*
Marcos 11:22-24

◉ FILHO DA VIÚVA

No caminho da dor, a morte encontra o autor da vida. Lucas narra a história de uma viúva, cujo lamento se transformou em alegria. O toque da compaixão de Jesus devolveu-lhe a esperança, mudando sua vida para sempre.

Pouco tempo depois Jesus foi para uma cidade chamada Naim. Os seus discípulos e uma grande multidão foram com ele. Quando ele estava chegando perto do portão da cidade, ia saindo um enterro. O defunto era filho único de uma viúva, e muita gente da cidade ia com ela. Quando o Senhor a viu, ficou com muita compaixão dela e disse:

— Não chore.

Então ele chegou mais perto e tocou no caixão. E os que o estavam carregando pararam. Então Jesus disse:

— Moço, eu ordeno a você: levante-se!

O moço sentou-se no caixão e começou a falar, e Jesus o entregou à mãe. Todos ficaram com muito medo e louvavam a Deus, dizendo:

— Que grande profeta apareceu entre nós! Deus veio salvar o seu povo!

Essas notícias a respeito de Jesus se espalharam por todo o país e pelas regiões vizinhas. Lucas 7:11

Esse milagre aconteceu na cidade de Nain, envolvendo uma viúva que havia perdido seu filho. Ao observar essa história, percebo alguns detalhes: a multidão, a morte, a tristeza, os sonhos enterrados e o choro. Era o que acontecia naquele momento, naquela cidade, para aquela família – uma mulher viúva com filho único.

Uma multidão acompanhava o enterro, mas talvez poucas pessoas estiveram presentes no nascimento desse menino. Na tristeza, todos se reuniam para compartilhar o pesar, diferentemente da nossa vida, em que é difícil encontrar pessoas dispostas a celebrar nossa alegria.

Aquela multidão estava ali para compartilhar a tristeza daquela mulher. Por ser viúva e ter apenas aquele filho, é provável que ela já tivesse enterrado todos os seus sonhos antes mesmo de enterrar o filho – sonhos de vê-lo crescer, de ter uma família maior, netos, de prosperar. Sem a força de trabalho dos filhos, o futuro daquela mulher seria viver de esmolas ou depender da ajuda da sinagoga.

Quando as coisas parecem não ter jeito e você vê a impossibilidade, torna-se muito fácil desistir. Aquela mulher certamente não tinha qualquer esperança de ver seu filho vivo novamente. Mas sabe de uma coisa? Onde Jesus passa, a tristeza vai embora. A tristeza não subsiste na presença do Senhor Jesus. Vemos, milagre após milagre, que Jesus se compadecia de forma intensa. Essa compaixão é a nossa esperança, porque o nosso Deus tem compaixão de nós.

Quando Jesus se aproximou dela, a primeira coisa que disse não foi: "*Vou fazer o teu filho viver*", mas: "*Não chores.*" Não seria mais fácil Jesus simplesmente afirmar que restauraria a vida do filho? Mas Ele fez de outra forma. Primeiro, ordenou que ela não chorasse, para depois realizar o milagre. Isso é o que Deus fala para você hoje: não chores, pois Ele tem íntima compaixão por você, independentemente do problema que esteja enfrentando.

Jesus sempre diz: "*Não chores*", antes de operar o milagre. Sabe por quê? Porque é necessário crer nele. Quando Ele disse isso àquela mulher, era como se afirmasse: "*Creia em mim, pois solucionarei os teus problemas; ressuscitarei não apenas o teu filho, mas também os teus sonhos, a tua esperança e o teu futuro.*"

Imagine alguém em um cortejo fúnebre e, ao passar por outra pessoa, essa segura o caixão e diz: "*Pare, você não irá para o cemitério.*" Foi algo semelhante ao que Jesus fez: Ele interrompeu o cortejo e falou à mulher. Muitas vezes, estamos caminhando para lugares que Jesus não deseja para nós. Ele nos convida a deixar o choro de lado, pois pode transformar nossa vida, restaurar nossos sonhos e resolver nossos problemas. Esse ato de não chorar é um sinal de fé e esperança, pois Jesus é a nossa esperança.

As pessoas se admiraram do poder de Jesus e se perguntavam: *"Que grande profeta apareceu entre nós!"* Naquele dia, a mulher voltou para casa, não com um caixão, mas com seu filho nos braços. Jesus sempre nos alcançará com uma íntima compaixão. E você: vai ouvir o que Jesus tem a dizer ou continuará chorando, lamentando-se, sem ter esperança? Há aqueles que preferem continuar no choro, mas nunca é tarde para perceber que a vida em Cristo ainda oferece esperança.

O povo se admirou do poder de Jesus, mas e você, já se admirou do poder que Ele tem para mudar a sua história? Aquela multidão se admirou porque viu o milagre. Você precisa se admirar pela fé. Por fim, Jesus quer surpreendê-lo, fazer você dizer: "Meu Jesus, como Tu és bom!" Obrigado, Jesus, pelo milagre. O mesmo Jesus que fez o milagre para a viúva de Nain está conosco hoje e pronto para realizar milagres em nossas vidas.

A nossa vida pode estar como um cortejo fúnebre, carregando os restos dos sonhos, esperanças e vitalidade que um dia tivemos, mas que foram abalados pelo peso do pecado ou da tristeza. Assim como na história em que a viúva carregava o caixão de seu filho, nós também podemos, em algum momento, carregar a sensação de tristeza interior, de um espírito adormecido.

Então, Jesus se aproxima de nós com compaixão. Ele nos diz: *"Não chores."* Com um toque cheio de autoridade e amor, Ele interrompe o percurso da morte espiritual e nos chama a nos levantar. E, num instante, como o homem que se levantou e voltou a falar, somos renascidos, não apenas curados fisicamente, mas restaurados espiritualmente. Ao receber o milagre, deixamos para trás o fardo da tristeza e da desesperança e passamos a viver com a vitalidade e a esperança que só Jesus pode oferecer. Assim como a viúva se encheu de alegria ao ver seu filho vivo novamente, nós também encontramos, na presença do Salvador, a renovação da vida e o resgate de tudo o que pensávamos ter perdido.

O que mais lhe chamou atenção?

_____

_____

_____

_____

Como essa reflexão pode fortalecer sua vida espiritual?

_____

_____

_____

_____

O que você diria a jesus hoje?

_____

_____

_____

_____

_____

_____

_____

"Bendito seja o Deus e Pai de nosso Senhor Jesus Cristo, o qual nos abençoou com toda bênção espiritual nos lugares celestiais em Cristo"
Efésios 1:3

MULHER PECADORA

Só Deus pode fazer o impossível. Perdoar pecados é um milagre divino, um gesto de amor incondicional. A história da mulher que recebeu esse milagre é um testemunho da graça que transforma vidas.

Um fariseu convidou Jesus para jantar. Jesus foi até a casa dele e sentou-se para comer. Naquela cidade morava uma mulher pecadora. Ela soube que Jesus estava jantando na casa do fariseu. Então pegou um frasco feito de alabastro, cheio de perfume, e ficou aos pés de Jesus, por trás. Ela chorava e as suas lágrimas molhavam os pés dele. Então ela os enxugou com os seus próprios cabelos. Ela beijava os pés de Jesus e derramava o perfume neles. Quando o fariseu viu isso, pensou assim: "Se este homem fosse, de fato, um profeta, saberia quem é esta mulher que está tocando nele e a vida de pecado que ela leva."

Jesus então disse ao fariseu:

— Simão, tenho uma coisa para lhe dizer:

— Fale, Mestre! — respondeu Simão.

Jesus disse:

— Dois homens tinham uma dívida com um homem que costumava emprestar dinheiro. Um deles devia quinhentas moedas de prata, e o outro, cinquenta, mas nenhum dos dois podia pagar ao homem que havia emprestado. Então ele perdoou a dívida de cada um. Qual deles vai estimá-lo mais?

— Eu acho que é aquele que foi mais perdoado! — respondeu Simão.

— Você está certo! — disse Jesus.

Então virou-se para a mulher e disse a Simão:

— Você está vendo esta mulher? Quando entrei, você não me ofereceu água para lavar os pés, porém ela os lavou com as suas lágrimas e os enxugou com os seus cabelos. Você não me beijou quando cheguei; ela, porém, não para de beijar os meus pés desde que entrei. Você não pôs azeite perfumado na minha

cabeça, porém ela derramou perfume nos meus pés. Eu afirmo a
você, então, que o grande amor que ela mostrou prova que os seus
muitos pecados já foram perdoados. Mas onde pouco é perdoado,
pouco amor é mostrado. Então Jesus disse à mulher:
   — Os seus pecados estão perdoados.
   Os que estavam sentados à mesa começaram a
perguntar: Que homem é esse que até perdoa pecados?
   Mas Jesus disse à mulher:
   — A sua fé salvou você. Vá em paz. Lucas 7:36-50

Antes de refletirmos sobre a história dessa mulher, temos que entender a palavra grega usada para "pecadora" (hamartolos – G268), que Lucas emprega para identificá-la. Essa palavra é usada quarenta e cinco vezes no Novo Testamento para se referir a pecadores em geral. Por se tratar de uma mulher, acredita-se que ela abertamente praticava pecados desprezíveis para a comunidade judaica. Jesus causa naqueles homens três escândalos: possivelmente, não ser um verdadeiro profeta por não conhecer a vida pecadora da mulher; deixar a mulher tocá-lo, pois a tradição judaica não aceitava bem que mulheres tocassem homens fora do convívio familiar; e perdoar os pecados os seus pecados.

Os três escândalos
A dúvida sobre sua identidade profética

Os fariseus e demais religiosos daquela época acreditavam que um verdadeiro profeta teria discernimento sobre o caráter e a vida das pessoas. Quando Jesus permitiu que uma mulher pecadora se aproximasse dele e o tocasse, isso gerou questionamentos: "Se ele fosse realmente um profeta, saberia quem ela é e que tipo de vida leva" Lucas 7:39. Para aqueles homens, o fato de Jesus não a rejeitar era um sinal de que ele não possuía o conhecimento divino que se esperava de um enviado de Deus. No entanto, Jesus não apenas conhecia a condição daquela mulher, mas via além de sua reputação; ele enxergava um coração arrependido e disposto a receber perdão.

A quebra das normas sociais e religiosas

Na cultura judaica do primeiro século, havia regras rígidas sobre a interação entre homens e mulheres, especialmente entre aqueles que não pertenciam à mesma família. Uma mulher tocar um homem em público era algo malvisto, ainda mais se essa mulher tivesse uma reputação questionável. Quando Jesus permitiu que ela o tocasse e ungisse seus pés, ele escandalizou os religiosos, pois violava convenções sociais e demonstrava um amor e uma aceitação que iam além das regras humanas. Esse gesto de Jesus nos ensina que a misericórdia de Deus não está limitada por tradições ou aparências, mas alcança a todos.

O poder de perdoar pecados

O maior escândalo de todos foi Jesus declarar perdão àquela mulher. Os fariseus criam que apenas Deus tinha autoridade para perdoar pecados, e ouvir Jesus pronunciar palavras de absolvição soava como uma blasfêmia. Para eles, isso era uma afronta à autoridade divina e à lei. No entanto, Jesus não apenas concedeu o perdão, mas o fez com plena autoridade, mostrando que ele era mais do que um profeta: era o próprio Filho de Deus. Esse momento revelou que o verdadeiro escândalo não era a presença da mulher, mas o endurecimento do coração daqueles homens que não conseguiam reconhecer o Messias diante deles.

Ao saber da localização de Jesus, aquela mulher decidiu se entregar ao arrependimento. Imagino que, a cada passo que ela dava em direção à casa do fariseu, o seu coração ficava mais ansioso e apertado, pelos riscos de ser rejeitada e expulsa de lá. Mas a recepção que Jesus lhe deu foi a de uma filha amada.

A atitude dessa mulher nos ensina que o verdadeiro arrependimento nos leva à presença de Jesus com humildade e entrega total. Seu choro não foi um sinal de desespero sem esperança, mas a expressão de um coração que encontrou perdão e redenção. Enquanto os fariseus a desprezavam, Jesus a valorizou e declarou sua salvação: *"Os seus pecados estão perdoados. A sua fé a salvou; vá em paz"*.

O que mais lhe chamou atenção?

_____

_____

_____

_____

Como essa reflexão pode fortalecer sua vida espiritual?

_____

_____

_____

_____

O que você diria a jesus hoje?

_____

_____

_____

_____

_____

_____

_____

"Respondeu-lhes Jesus: Em verdade, em verdade vos digo, que todo aquele que faz pecado, servo é do pecado. E o servo não fica em casa para sempre; o Filho fica para sempre. Portanto, se o Filho vos libertar, verdadeiramente sereis livres."
João 8:34-36

◉ CEGO E MUDO

Nas sombras de um mundo silencioso e sem cor, ele vagava, perdido na solidão. Seus olhos eram agora apenas espelhos da escuridão. Seus lábios estavam presos em um silêncio profundo, como se o próprio ar tivesse se esquecido das palavras.

Então levaram a Jesus um homem que era cego e mudo porque estava dominado por um demônio. Jesus o curou, e ele começou a ver e a falar. A multidão ficou admirada e perguntava:

— Será que este homem é o Filho de Davi?

Alguns fariseus ouviram isso e responderam:

— É Belzebu, o chefe dos demônios, quem dá poder a este homem para expulsar demônios.

Mas Jesus conhecia os pensamentos deles e disse:

— O país que se divide em grupos que lutam entre si certamente será destruído. E a cidade ou a família que se divide em grupos que lutam entre si também será destruída. Assim, se no reino de Satanás um grupo está combatendo contra outro, isso quer dizer que esse reino já está dividido e logo vai desaparecer. Vocês dizem que eu expulso demônios porque Belzebu me dá poder para fazer isso. Mas, se é assim, quem dá aos seguidores de vocês o poder para expulsar demônios? Assim, os seus próprios seguidores provam que vocês estão completamente enganados. Na verdade, é pelo poder de Deus que eu expulso demônios, e isso prova que o Reino de Deus já chegou até vocês. Mateus 12:22-28

O cego voltou a ver e a falar, mas aquele milagre não foi suficiente para convencer os fariseus sobre quem era Jesus. O povo estava tão cego quanto aquele homem estivera. O homem voltou a falar porque estava livre daquele espírito maligno; já os religiosos, que podiam falar, proferiam blasfêmias, de modo que melhor seria que nunca pudessem dizer qualquer palavra.

Esse episódio, na verdade, não apenas revela um homem que foi escravizado por um espírito maligno e que não conseguia ver ou falar, mas também demonstra a cegueira espiritual de muitos que estavam testemunhando aquele acontecimento. É importante perceber como a multidão reagiu a tudo o que Jesus fazia diante deles. Eles viram um milagre tremendo: o homem que não falava nem via foi liberto. Só isso já seria suficiente para que todos cressem que Jesus era o Messias, o Filho de Deus enviado.

Os milagres que Jesus realizava eram feitos nunca antes vistos: milagre após milagre, Ele provava quem era. No entanto, a incredulidade do povo era tão grande que, mesmo diante de algo extraordinário, ainda assim pediam a Jesus um sinal maior, um sinal do céu, para ver se conseguiriam crer.

Jesus, às vezes os exortava, chamando-os de *"geração perversa"*. Ele afirmou que o único sinal concedido seria o de Jonas, que passou três dias e três noites na barriga do grande peixe. Da mesma forma, o Filho do Homem passaria três dias e três noites no coração da terra. Ele não daria mais sinais, além daqueles que já estavam sendo feitos.

O que percebemos é que a incredulidade é uma barreira que impede o entendimento. Eles viam, mas não conseguiam enxergar. Olhavam, mas o coração não cria. Não acontece o mesmo conosco? Ao passarmos por uma prova, uma luta ou uma dificuldade, começamos a questionar o Senhor. Perguntamos se Ele nos ama, se cuidará de nós, se realizará o milagre. Onde está o Senhor? Essas são as perguntas que fazemos.

Não existe alguém que, em algum momento, não tenha feito essa pergunta. Quando enfrentamos uma dificuldade, a primeira reação é questionar: "Por que está acontecendo isso comigo? Eu não sou uma pessoa ruim. Por que preciso passar por isso?" Isso se chama vida. A vida não é previsível, mas sim imprevisível, e é isso que a torna tão interessante. Se fosse totalmente planejada, não teria graça. A vida é surpreendente. Sabemos o que é agora e o que foi ontem, mas do amanhã, nada sabemos. Muitas vezes, fazemos as mesmas perguntas a Deus:

"Dá-me um sinal, Senhor. Dá-me um sinal!" Será que Jesus já não nos deu sinais suficientes para crermos nele? Se você tem alguma dúvida, sua fé não é perfeita. Se você pensa que Deus te abandonou, sua fé não está perfeita. Se você pensa no fracasso, sua fé ainda não está aperfeiçoada no amor.

Esse povo viu os milagres, mas não conseguiu crer. Não eram todos, claro, pois a Palavra diz que muitos se admiravam, enquanto outros pediam mais sinais. Jesus, mais tarde, também esclarece o que acontece com as pessoas que são presas e atormentadas por espíritos malignos. Ele não fala diretamente, mas usa uma figura de linguagem, comparando o homem a uma casa, um templo. Quando esse templo está limpo e vazio, os espíritos retornam. Eles trazem mais espíritos, piores do que o anterior, e o estado final da pessoa sem Deus é pior do que o inicial.

Se perguntassem àquele homem o que ele achava sobre Jesus, se Ele realmente era um profeta, o Messias enviado de Deus, com certeza ele diria que estava cego e agora podia ver, que não conseguia falar e agora falava, que estava preso e agora estava liberto. O texto revela que ele foi trazido até Jesus, mas não revela quem o trouxe. Isso demonstra que alguém creu no poder de libertação de Jesus e que também teve misericórdia desse homem.

Um ensinamento chave dessa história seria que já temos sinais suficientes para crer em Jesus. Ele não precisa mais se provar; Ele já fez isso ao morrer na cruz por nós, ao vencer a morte e o inferno, e ao ressuscitar. Ele já venceu. Muitas vezes, em nossas vidas, as coisas acontecem de forma diferente do que esperamos, mas precisamos lembrar que, apesar das circunstâncias, Deus continua sendo Deus

Aquele homem estava aprisionado, mudo e cego, mas recebeu de volta a sua voz, liberdade e visão através do milagre, diferentemente dos fariseus, que estavam cegos espiritualmente e, mesmo depois de verem o milagre, não conseguiram enxergar Jesus como o Messias prometido.

O que mais lhe chamou atenção?

_____

_____

_____

_____

Como essa reflexão pode fortalecer sua vida espiritual?

_____

_____

_____

_____

O que você diria a jesus hoje?

_____

_____

_____

_____

_____

_____

_____

*"Que, pois, diremos em face destas coisas? Se Deus é
por nós, quem será contra nós? Aquele que nem mesmo ao seu
próprio Filho poupou, como não nos dará também com ele todas
as coisas? Quem fará acusação contra os escolhidos de Deus?
Deus é o que justifica."*
Romanos 8:31-33

A MULHER ENCURVADA

Por anos, ela viu apenas o chão, perdida em sua dor e limitações. O peso da enfermidade lhe roubou os sonhos e a esperança. Mas, um dia, o olhar divino a encontrou, e a cura chegou, erguendo-a da humilhação para a plenitude da vida.

Um sábado, Jesus estava ensinando numa sinagoga. E chegou ali uma mulher que fazia dezoito anos que estava doente, por causa de um espírito mau. Ela andava encurvada e não conseguia se endireitar. Quando Jesus a viu, ele a chamou e disse:

— Mulher, você está curada. Aí pôs as mãos sobre ela, e ela logo se endireitou e começou a louvar a Deus. Mas o chefe da sinagoga ficou Indignado porque Jesus havia feito uma cura no sábado. Por isso disse ao povo:

— Há seis dias para trabalhar. Pois venham nesses dias para serem curados, mas, no sábado, não! Então o Senhor respondeu:

— Hipócritas! No sábado, qualquer um de vocês vai à estrebaria e desamarra o seu boi ou o seu jumento a fim de levá-lo para beber água. E agora está aqui uma descendente de Abraão que Satanás prendeu durante dezoito anos. Por que é que no sábado ela não devia ficar livre dessa doença? Os inimigos de Jesus ficaram envergonhados com essa resposta, mas toda a multidão ficou alegre com as coisas maravilhosas que ele fazia.
Lucas 13:10-16

A doença daquela mulher lhe aprisionou por dezoito anos, mas quando Jesus a viu, a chamou e rapidamente e a curou. Aquilo que demorou muitos anos sem Jesus, com Jesus foi resolvido apenas em um momento.

A enfermidade dessa mulher tinha detalhes específicos que a tornam única entre os milagres de Jesus. Ela conseguia ver, mas, por estar encurvada, só conseguia olhar para o chão. Era muito mais fácil para ela ver o solo do que levantar os olhos para o céu. Com certeza, ela conhecia cada buraco, cada pedra e cada batente das ruas da aldeia. Sabia quem varria a calçada direito e quem deixava lixo na rua. Se estivesse caminhando com alguém distraído, olhando para o alto, admirando as aves ou o céu, ela logo alertava: "Cuidado, com o buraco ou tem uma pedra no caminho!", pois ela estava sempre com os olhos fixos no chão.

Esse milagre aconteceu provavelmente no segundo ano do ministério de Jesus. Na época, Jesus tinha por volta de trinta e dois anos. Se considerarmos trinta e dois menos dezoito, veremos que, quando essa mulher foi aprisionada por Satanás, Jesus tinha cerca de quatorze ou quinze anos. Portanto, ela teve que esperar dezoito anos até que Jesus estivesse preparado para curá-la. Isso nos mostra que havia um tempo de preparação e uma espera necessária até que Jesus chegasse ao momento certo para agir.

Muitas pessoas estão esperando por milagres, mas ainda não conhecem Jesus. Elas aguardam que nós levantemos recursos, preparemos obreiros e enviemos missionários para que, finalmente, recebam a palavra da salvação e sejam curadas. Quantas pessoas, ao redor do mundo, precisam desesperadamente de um milagre, mas ainda não conheceram Jesus?

Talvez aquela mulher já tivesse ouvido falar de Jesus e, por isso, tenha ido à sinagoga naquele sábado, sabendo que Ele estaria lá. Não podemos afirmar com certeza, mas uma coisa é clara: ela estava no lugar certo naquele dia. Mesmo enferma, oprimida e com dificuldade para caminhar, ela certamente fez um grande esforço para chegar até lá. Isso nos mostra que cada milagre exige algum tipo de dedicação de nossa parte. Porém, quando ela finalmente encontrou Jesus, o milagre aconteceu de forma rápida e poderosa. Ela não precisou esperar mais: Jesus a chamou e a curou imediatamente.

O texto diz: *"Vendo-a, Jesus chamou-a e disse: 'Mulher, estás livre da tua enfermidade'."* Essa passagem também menciona que ela estava aprisionada por Satanás. Isso nos mostra que a doença dessa mulher tinha uma causa espiritual. Não era algo emocional ou hereditário. Era uma pessoa saudável até que abriu uma brecha, permitindo que Satanás entrasse e lhe impusesse uma enfermidade.

Muitos creem que Deus coloca doenças nas pessoas, mas aqui Jesus afirma que foi Satanás quem causou a enfermidade daquela mulher. Em todo o Novo Testamento, Jesus nunca amaldiçoou alguém com uma doença. Quando Pedro desejou que fogo descesse do céu para castigar pessoas, Jesus prontamente o repreendeu, dizendo: "*Voltando-se, porém, repreendeu-os e disse: Vós não sabeis de que espírito sois. Porque o Filho do Homem não veio para destruir as almas dos homens, mas para salvá-las.*" Lucas 9:55. Isso nos mostra claramente que, se há doenças, não é Deus quem as traz, mas Satanás. O texto também nos ensina quem cura, quem liberta e quem transforma.

A mulher passou dezoito anos em uma posição de humilhação. Ela não escolheu estar assim; foi obrigada a permanecer olhando para o chão, para os buracos, para as pedras, até encontrar Jesus. Ele a libertou não apenas da enfermidade, mas também da vergonha, da rejeição e do preconceito.

É possível que Jesus a tenha visto antes, mas não era o tempo. Eu fico imaginando Jesus andando pela aldeia com Sua mãe e perguntando: "Mãe, por que aquela mulher está encurvada?" Ela teve que esperar dezoito anos até Jesus começar o Seu ministério para ajudá-la.

Hoje, não precisamos esperar para encontrar com Jesus. Ele já conquistou tudo o que precisamos. Não há mais espera para que Ele vença, porque Ele já venceu. Ele nos deu toda a autoridade em Seu nome para sermos curados de qualquer enfermidade. Aqueles dezoito anos foram necessários, mas, hoje, a graça está disponível, o poder está disponível, a bênção está disponível. A fé e a certeza da vitória devem estar em nosso coração. Aquela mulher, com certeza, conhecia todos os detalhes do caminho, mas, quando encontrou Jesus, começou a olhar para cima e a glorificar a Deus. Quando somos escravizados pelo pecado, não conseguimos ver o céu, apenas as dificuldades e as impossibilidades, mas, quando Jesus chega, Ele nos liberta.

O que mais lhe chamou atenção?

_____

_____

_____

_____

Como essa reflexão pode fortalecer sua vida espiritual?

_____

_____

_____

O que você diria a jesus hoje?

_____

_____

_____

_____

_____

_____

"Pedi, e vos será dado; buscai, e achareis; batei, e vos será aberto; pois qualquer um que pede recebe; e quem busca acha; e ao que bate lhe é aberto. E quem há dentre vós que, se seu filho pedir pão, lhe dará uma pedra? E se pedir peixe, lhe dará uma serpente? Ora, se vós, ainda que sejais maus, sabeis dar bons presentes a vossos filhos, quanto mais o vosso Pai, que está nos céus, dará coisas boas aos que lhe pedirem!"

Mateus 7:7-11

A TEMPESTADE

Enquanto o mar balançava fortemente, alguém dormia tranquilamente, aproveitando cada segundo de descanso. Os outros, tensos, já pensavam na morte; enquanto isso, ele não tinha uma só preocupação.

E, naquele dia, sendo já tarde, disse-lhes: "Passemos para a outra margem." E eles, deixando a multidão, o levaram consigo, assim como estava, no barco; e havia também com ele outros barquinhos. E levantou-se grande temporal de vento, e as ondas subiam por cima do barco, de maneira que já se enchia de água. E ele estava na popa, dormindo sobre uma almofada; e despertaram-no, dizendo-lhe: "Mestre, não te importa que pereçamos?" E ele, despertando, repreendeu o vento e disse ao mar: "Cala-te, aquieta-te." E o vento se aquietou, e houve grande bonança. E disse-lhes: "Por que sois tão medrosos? Ainda não tendes fé?" E sentiram um grande temor e diziam uns aos outros: "Mas quem é este que até o vento e o mar lhe obedecem?" Marcos 4:35-41*

Essa não deveria ser uma viagem muito longa, e com certeza os discípulos conheciam bem a rota. Por serem pescadores locais, certamente já haviam feito aquele trajeto muitas vezes. O que poderia dar errado? O plano era: "Sairemos à tardinha e chegaremos no começo da noite." O barco estava pronto, todos a bordo, e logo estariam do outro lado. Todavia, o vento e as águas tinham outros planos para eles.

Repentinamente, as condições que eram boas se tornaram difíceis, e a viagem que deveria ser normal passou a ser desafiadora. À medida que o tempo passava, mais problemas se acumulavam, e agora a água começava a encher o barco. A água deveria estar fora do barco e não dentro, o que quer dizer que logo todos estariam no lago e em meio a uma tempestade.

Este milagre foi diferente de todos os anteriores, pois teve relação com os elementos da natureza. Talvez os discípulos nunca tivessem visto Jesus operar milagres desse tipo. Por isso, ficaram admirados e perguntavam: *"Quem é este?"* Se prestarmos atenção, os discípulos acordaram Jesus com uma pergunta: *"Mestre, não te importa que pereçamos?"* Jesus se levantou, fez o milagre, e eles, em seguida, continuaram a questionar: *"Quem é este homem?"* A fé dos discípulos sempre era provada, e muitas vezes eles hesitavam em perguntar, porque ainda não o compreendiam totalmente.

Ao meditar sobre esta passagem, percebemos um detalhe importante: não havia apenas um barco naquela tempestade. Se voltarmos ao texto, vemos: *"E eles, deixando a multidão, levaram-no consigo, assim como estava, no barco, e havia também com Ele outros barcos."* Quem estava nesses outros barcos? Com certeza, eram pessoas que seguiam Jesus para onde Ele ia.

Quando a fama de Jesus cresceu, Ele precisou se afastar para lugares isolados, pois as multidões lotavam as cidades por onde passava. Às vezes, Ele pregava de um barco para evitar que a multidão se aglomerasse ao Seu redor. Assim, quando passou de uma parte para outra, pessoas com barcos também O seguiram. O texto não nos diz o que aconteceu com esses outros barcos na tempestade. Será que pereceram?

Os discípulos eram pescadores experientes, conheciam o lago e como manejar o barco. Eles esperaram até o último momento para chamar Jesus, quando já não havia mais o que fazer.

Voltamos a pergunta inicial: e os outros barcos?

Esses outros barcos não tinham Jesus com eles. E isso chama a atenção. Muitas vezes, as pessoas querem seguir Jesus de longe, sem um compromisso verdadeiro. Elas dizem:

"Eu conheço Jesus, eu vou à igreja de vez em quando. Minha mãe era cristã, meu pai também..." Mas não estão no barco de Jesus. Apenas o acompanham de longe. Isso é perigoso!

Ora, se até mesmo aqueles que estavam com Jesus sentiram as ondas, o vento e o balanço das águas, imagine passar por uma tempestade sem Ele? Quem está conosco em nossas dificuldades faz toda a diferença! Passar por uma tempestade sem Deus é muito arriscado. Talvez você não consiga sem a ajuda de Jesus.

Quando Jesus declarou: *"Passemos para o outro lado"*, Ele se responsabilizou por essa jornada a ponto de ir descansar, preparando-se para o que fariam do outro lado. A fé descansa, não teme, não tem pressa nem se desespera. Precisamos lembrar que, se Jesus fez uma promessa, Ele a cumprirá!

Se os discípulos se lembrassem dessas palavras e soubessem quem era Jesus, diriam uns aos outros: "É impossível este barco afundar, porque Jesus, o Filho de Deus, está conosco." Quando cremos que o Filho de Deus está conosco e que o Seu Espírito habita em nós, a nossa fé começa a enxergar a nossa vitória. Se Jesus nos prometeu algo, confie! Ele cumprirá!

Mesmo que venham tempestades, dificuldades e aflições, Jesus nos advertiu: *"No mundo tereis aflições, mas tende bom ânimo! Eu venci o mundo!"* Joao 16:32.

Quando a tempestade vem e você pensa que vai perecer, Jesus se levanta e diz: "Cala-te, vento! Aquieta-te, mar!" Essa é a diferença para aqueles que estão no lugar certo. Todos passarão por aflições, mas somente aqueles que estão com Deus verão a tormenta desparecer. Quem é este que até o vento e o mar lhe obedecem? Esse é Jesus, o Filho de Deus, o nosso Salvador! Ele deixou Sua glória para morrer por nós, para que possamos passar para o outro lado.

O outro lado: a eternidade. Existe a eternidade com Deus e a eternidade sem Deus. A eternidade com Deus só é possível com Jesus no seu coração! Acredite na Palavra de Deus! Se você crer, Jesus vai falar para sua tempestade: "Cala-te, aquieta-te!"

O que mais lhe chamou atenção?

_____

_____

_____

_____

Como essa reflexão pode fortalecer sua vida espiritual?

_____

_____

_____

_____

O que você diria a jesus hoje?

_____

_____

_____

_____

_____

_____

_____

"Eis que a hora vem, e já é chegada, quando sereis dispersos, cada um por si, e me deixareis só. Porém, não estou só, porque o Pai está comigo. Estas coisas tenho vos dito para que tenhais paz em mim; no mundo tereis aflição; mas tende bom ânimo; eu venci o mundo."

João 16:32-33

⊚ GADARENO

Ele passava os dias e as noites nos montes, vagando sem rumo, prisioneiro de um fardo invisível. Andava por todos os lados, mas não era livre. Mesmo algemado, caminhava, pois suas correntes não podiam detê-lo, mas a prisão espiritual pesava sobre sua alma como sombras que nunca se dissipavam.

E navegaram para a terra dos gadarenos, que é vizinha à Galileia. Ao sair para terra, veio da cidade ao seu encontro um homem que, já há muito tempo, estava possesso por demônios. Ele não andava vestido, não permanecia em casa alguma, mas vivia entre as sepulturas. Nem mesmo correntes conseguiam prendê-lo, pois muitas vezes fora acorrentado com grilhões e cadeias, mas ele as despedaçava, esmigalhava os grilhões, e ninguém conseguia dominá-lo.

E sempre, dia e noite, andava gritando pelos montes e pelas sepulturas, ferindo-se com pedras. Quando viu Jesus de longe, correu e prostrou-se diante dele, gritando em alta voz: 'Que tenho eu contigo, Jesus, Filho do Deus Altíssimo? Imploro-te por Deus que não me atormentes!' Pois Jesus lhe havia dito: 'Sai deste homem, espírito imundo.' Então perguntou-lhe: 'Qual é o teu nome?' E ele respondeu: 'Legião é o meu nome, porque somos muitos.' E rogava insistentemente para que não os expulsasse daquela terra.

Havia ali perto dos montes uma grande manada de porcos pastando. E todos aqueles demônios rogaram-lhe, dizendo: Manda-nos para aqueles porcos, para que entremos neles. Imediatamente Jesus lhes permitiu. Então aqueles espíritos imundos saíram para entrar nos porcos; e a manada lançou-se abaixo no mar; eram quase dois mil e afogaram-se no mar. Os que apascentavam os porcos fugiram, e avisaram na cidade e nos campos; e pessoas foram ver o que havia acontecido.

Então, aproximaram-se de Jesus, e viram o endemoninhado sentado, vestido e em sã consciência, o que tivera

78

a legião; e ficaram apavorados. E os que haviam visto contaram-lhes o que acontecera ao endemoninhado e sobre os porcos. Então, começaram a rogar-lhe que saísse do território deles. Quando Jesus entrou no barco, o que fora endemoninhado rogou-lhe que estivesse com ele. Jesus se recusou, porém lhe disse: 'Vai para a tua casa, aos teus, e anuncia-lhes quão grandes coisas o Senhor fez contigo, e como teve misericórdia de ti.' Então ele foi embora, e começou a anunciar em Decápolis as grandes coisas que Jesus havia feito com ele; e todos se admiravam. Lucas 8:26, Marcos 5:3

A terra dos gadarenos fazia parte da Decápolis, um conjunto de dez cidades de influência grega situadas ao leste do rio Jordão. Essa região era culturalmente diferente do restante da Palestina, pois sua população era majoritariamente gentílica. Isso explica a presença de porcos, animais impuros segundo a lei judaica em Levítico 11:7. O homem endemoniado vivia isolado, fora da cidade, habitando nos túmulos, uma prática comum entre os marginalizados daquela época. Ele era uma ameaça à sociedade, incapaz de ser contido, e representava o impacto destrutivo da opressão demoníaca.

Esse milagre é muito rico em detalhes e, diferente de outros, é um texto longo. Por isso, resolvi juntar as passagens de Marcos e Lucas para narrar essa história. Existiam dois gadarenos endemoniados mencionados na narrativa de Mateus, mas apenas um interagiu com Jesus, e é sobre este que vamos refletir.

Ao preparar essa reflexão, compreendi que não existe ninguém tão terrível, tão difícil ou tão desprezível que Jesus não possa salvar. Jesus fez uma viagem de barco com Seus discípulos para alcançar esses homens. Eles foram as únicas pessoas que Jesus salvou naquela terra, e isso mostra que Ele não prioriza ninguém por categorias ou condições. Ele sempre ia onde havia alguém precisando de um milagre ou da salvação.

É difícil comparar o sofrimento desse homem com o de outros que receberam milagres, mas, sem dúvida, ele está entre os que mais poderiam dizer: "Eu fui muitíssimo abençoado por

Deus." Ele era rejeitado, excluído da sociedade, desprezado, odiado, esquecido, atormentado, escravizado e desqualificado. Era descartado pela cidade e temido por todos. Para sua família e para a sociedade, era como um morto-vivo. Não socializava, pois estava dominado por espíritos violentos que o atormentavam. Por isso, vivia nos montes e nos cemitérios, onde se cortava. Sua dor não era apenas emocional e espiritual, mas também física.

Olhando para a sua história, percebo que ele não poderia ter descido mais fundo. Em todos os aspectos – físico, mental e espiritual – ele era um homem atormentado. Mesmo assim, Jesus chegou para libertá-lo. E, quando tudo terminou, ele queria seguir Jesus, mas recebeu a ordem de voltar à sua família e testemunhar as maravilhas que Deus havia feito em sua vida.

Muitos de nós que ouvimos essa reflexão precisamos fazer o mesmo: sair e contar aos outros as maravilhas que Deus tem feito em nossas vidas. A maior de todas é a libertação do pecado. Não somos mais escravos, mas livres em Cristo Jesus. No entanto, guardamos nossas histórias e testemunhos. Guardamos para quê? Para quem? Quantas pessoas estão escravizadas e atormentadas hoje? Quantas estão marginalizadas por causa das maldições em suas vidas? A única coisa que elas precisam ouvir é que há esperança, que existe um Salvador, alguém que pode libertar e dar uma nova vida.

Existe um ditado que diz: "Uma alma vale mais que o mundo inteiro." Apesar de não ser um versículo, é uma verdade bíblica. Mateus 16:26 diz: *"Pois que aproveita ao homem ganhar o mundo inteiro, se perder a sua alma? Ou que dará o homem em troca de sua alma?"* Isso significa que nada no mundo se compara à salvação. Por isso, Jesus foi à terra dos gadarenos para resgatar aquele homem que estava escravizado.

Em Romanos 1:16, diz: *"Não me envergonho do evangelho, porque é o poder de Deus para a salvação de todo aquele que crê."* Tenho certeza de que aquele gadareno não se envergonhou do milagre que recebeu. Ele saiu por toda a Decápolis contando o seu testemunho.

O relato do endemoniado gadareno é um dos milagres mais impressionantes de Jesus e revela Seu poder absoluto sobre as forças espirituais. Esse milagre nos ensina sobre libertação, transformação e missão. O encontro entre Jesus e esse homem atormentado demonstra que ninguém está fora do alcance da graça de Deus. Ao analisarmos essa passagem, veremos seu impacto não apenas na vida do gadareno, mas também na sociedade ao seu redor.

O encontro entre Jesus e o gadareno mostra a autoridade divina sobre o reino das trevas. Ao ver Jesus, o homem possuído reconhece Sua identidade e se prostra diante d'Ele. A legião demoníaca implora para não ser expulsa da região e pede para entrar nos porcos, que acabam se lançando no mar. O milagre choca os habitantes locais, que, em vez de glorificarem a Deus, pedem para que Jesus vá embora. O gadareno, agora liberto e em perfeito juízo, deseja seguir Jesus, mas recebe uma missão: testemunhar em sua terra natal.

Jesus tem poder absoluto para libertar qualquer pessoa. O gadareno estava em uma condição de total destruição, mas foi completamente restaurado. Isso nos ensina que, não importa quão profunda seja a opressão espiritual, Jesus tem autoridade para transformar qualquer vida.

A reação das pessoas à libertação do gadareno nos alerta sobre a resistência à obra de Deus. Os moradores daquela região se preocuparam mais com a perda material dos porcos do que com a libertação de um homem. Isso mostra que nem todos valorizam as coisas espirituais, e precisamos estar preparados para rejeições ao testemunharmos sobre Cristo.

Todo salvo tem uma missão a cumprir. O gadareno queria seguir Jesus, mas recebeu a ordem de voltar para casa e contar o que Deus havia feito. Assim como ele, somos chamados a testemunhar sobre o poder transformador de Cristo, levando a mensagem de libertação àqueles que ainda vivem em trevas.

que mais lhe chamou atenção?

_____

_____

_____

_____

Como essa reflexão pode fortalecer sua vida espiritual?

_____

_____

_____

_____

_____

que você diria a jesus hoje?

_____

_____

_____

_____

_____

_____

_____

*"Pois serei misericordioso com as suas injustiças, e não
mais me lembrarei dos seus pecados
e das suas transgressões."*
Hebreus 8:12

A MULHER DO FLUXO

"Hoje é o dia do meu milagre!", pensava ela. "Eu só preciso tocá-lo, pois, quando eu tocar, serei curada!" Essa era a sua motivação: uma meta, um alvo, um objetivo, pois milagres vêm do céu, mas não caem do nada.

E seguia-o uma grande multidão, que o apertava. E certa mulher, que havia doze anos tinha um fluxo de sangue, e que havia padecido muito com muitos médicos, e despendido tudo quanto tinha, nada lhe aproveitando isso, antes indo a pior, ouvindo falar de Jesus, veio por detrás, entre a multidão, e tocou na sua vestimenta. Porque dizia: Se tão somente tocar nas suas vestes, sararei. E logo se lhe secou a fonte do seu sangue, e sentiu no seu corpo estar já curada daquele mal. E logo Jesus, conhecendo que a virtude de si mesmo saíra, voltou-se para a multidão e disse: Quem tocou nas minhas vestes? E disseram-lhe os seus discípulos: Vês que a multidão te aperta, e dizes: Quem me tocou? E ele olhava em redor, para ver a que isso fizera. Então, a mulher, que sabia o que lhe tinha acontecido, temendo e tremendo, aproximou-se, e prostrou-se diante dele, e disse-lhe toda a verdade. E ele lhe disse: Filha, a tua fé te salvou; vai em paz e sê curada deste teu mal. Marcos 5:24b-34

O milagre da mulher do fluxo de sangue ocorreu em uma época em que, segundo a lei, as mulheres não podiam tocar em ninguém com um sangramento. Se isso acontecesse, deveriam permanecer isoladas por sete dias. Esse era o preceito estabelecido. Por isso, ao tocar em Jesus, ela temeu, pois poderia ser acusada de desrespeitar a lei. No entanto, enfrentou seu medo, avançou e tocou nele, crendo no milagre.

Ao observar esse milagre, percebo que muitos tocavam em Jesus, mas não recebiam seus milagres. A mulher, porém, tocou nele com fé e foi curada, enquanto outros, mesmo estando próximos, nada recebiam. Isso é notável, pois a multidão o apertava, mas apenas ela, com fé, experimentou o poder da cura e alcançou o que buscava.

Outro ponto importante é que o texto diz: *"quando ela ouviu falar de Jesus"*. Não é exatamente isso que a Palavra nos ensina? Que a fé vem pelo ouvir? Quantos milagres aconteceram porque pessoas ouviram falar de Jesus e decidiram crer? Aquela mulher ouviu e creu, enquanto outros não creram. Ela tocou com fé, enquanto outros não o fizeram, e, por isso, recebeu a cura, enquanto outros nada receberam.

Em outra passagem, em Mateus 9:21, observamos a sua declaração de fé: *"Porque dizia consigo: Se eu tão somente tocar a sua veste, ficarei sã."* Ela declarou, antes mesmo de receber o milagre, que já o havia decretado. Acredito que, muitas vezes, a indignação nos impulsiona a conquistar aquilo que antes não teríamos forças para alcançar. Quando chegamos ao ponto de indignação, decidimos tomar posse do que nos pertence. Aquela mulher, ao tocar em Jesus, não estava apenas esperando um milagre, mas ela estava declarando que o receberia.

Quando o milagre aconteceu, Jesus percebeu que alguém o havia tocado de forma diferente. Na reflexão anterior, falamos sobre o gadareno, para quem Jesus cruzou o mar e foi até sua terra para resgatá-lo. No caso da mulher, foi ela quem foi até Jesus em busca de seu milagre. Isso me faz pensar que, Enquanto Jesus nos oferece a salvação, o nosso milagre exige que caminhemos em fé.

Não devemos apenas esperar que Jesus venha até nós para recebê-Lo. Ele nos oferece a salvação, a palavra e a liberdade para buscarmos o nosso milagre. O dinheiro não resolveu o problema daquela mulher. A ciência também não. O tempo, muito menos. Hoje em dia, com dinheiro, é possível resolver muitos problemas, e a ciência oferece soluções para diversas doenças. Alguns dizem que 'o tempo resolve tudo', mas o tempo não resolveu o seu problema.

Passaram-se doze anos, e o tempo não foi capaz de curá-la. Qual é o problema que você está enfrentando há anos, mas que o tempo não tem resolvido? Qual é o desafio que o dinheiro não pode resolver? Ou a ciência? Essa mulher provou que, mesmo com dinheiro, ciência e tempo ao seu lado, somente Jesus pôde fazer o que esses não conseguiam.

Ela não conhecia Jesus até então, mas, ao ouvir a palavra, algo dentro dela mudou. A palavra transformou sua vida internamente, e isso a levou a declarar: *"Eu vou receber o meu milagre"*. Ela ouviu sobre Jesus, acreditou e agiu. Ela foi em busca de Jesus, sem esperar passivamente que a cura viesse até ela.

Se você ouvir a palavra de Deus e crer, ela mudará você por dentro e começará a frutificar até que, finalmente, você declare: "Eu vou receber o meu milagre, porque meu Deus é bom e Ele é poderoso para curar, salvar e transformar." Esse foi o caso da mulher, e pode ser o seu também, pois Jesus é o mesmo ontem, hoje e será para sempre.

Antes, ela era conhecida como a mulher que não podia ir no templo por estar "impura" perante a lei mosaica. Doze anos separada das celebrações religiosas do seu povo, mas agora era chamada de abençoada, por ser curada pelo profeta.

Isolada de todos, ela não podia visitar a casa de seus amigos. Quantos nascimentos, batizados e casamentos essa mulher deixou de participar? Acredito que muitos. Mas agora, todos queriam que ela os visitasse para contar a história do seu milagre. As pessoas desejavam saber como era receber uma cura daquela magnitude e, provavelmente, lhe perguntavam: "E o que mais Jesus disse a você?" Com certeza, ela respondia: *"Filha, a tua fé te salvou; vai em paz!"* Jesus deu àquela mulher algo que, com certeza, ela não tinha há muitos anos: paz! Se o Senhor não a tivesse curado, somente a paz de Deus já teria valido a pena. No entanto, essa paz veio acompanhada de uma grande bênção.

Finalmente, aquela que estava isolada daqueles que amava agora poderia ser abraçada novamente por sua família. Quanto carinho, antes impedido, agora poderia ser recompensado em sua nova condição de sã. De isolada a acolhida, de rejeitada a reconhecida, de maldita a bendita. Essa foi a história da mulher que não desistiu do seu milagre.

que mais lhe chamou atenção?

_____

_____

_____

_____

omo essa reflexão pode fortalecer sua vida espiritual?

_____

_____

_____

que você diria a jesus hoje?

_____

_____

_____

_____

_____

_____

*"Se vós estiverdes em mim,
e minhas palavras estiverem em vós, tudo o que
quiserdes pedireis, e será feito para vós."*
João 15:7

▦ FILHA DE ▦AIRO

O tempo era seu maior inimigo e, a cada instante que passava, o medo o dominava. As más notícias corriam mais rápido do que ele podia acompanhar, e o milagre estava cada vez mais distante. Seu coração acelerava até que encontrou aquele que buscava, para então se lançar ao chão, sem vergonha ou restrições. Parecia impossível e distante, até que o dono da vida lhe disse: "*Não temas!*"

E, passando Jesus outra vez num barco para o outro lado, ajuntou-se a ele uma grande multidão; e ele estava junto do mar. E eis que chegou um dos principais da sinagoga, por nome Jairo, e, vendo-o, prostrou-se aos seus pés e rogava-lhe muito, dizendo: Minha filha está moribunda; rogo-te que venhas e lhe imponhas as mãos para que sare e viva. E foi com ele, e seguia-o uma grande multidão, que o apertava.

Estando ele ainda falando, chegaram alguns do principal da sinagoga, a quem disseram: A tua filha está morta; para que enfadas mais o Mestre? E Jesus, tendo ouvido essas palavras, disse ao principal da sinagoga: Não temas, crê somente. E não permitiu que alguém o seguisse, a não ser Pedro, e Tiago, e João, irmão de Tiago. E, tendo chegado à casa do principal da sinagoga, viu o alvoroço e os que choravam muito e pranteavam. E, entrando, disse-lhes: Por que vos alvoroçais e chorais? A menina não está morta, mas dorme. E riam-se dele; porém ele, tendo-os feito sair, tomou consigo o pai e a mãe da menina e os que com ele estavam e entrou onde a menina estava deitada. E, tomando a mão da menina, disse-lhe: Talitá cumi, que, traduzido, é: Menina, a ti te digo: levanta-te. E logo a menina se levantou e andava, pois já tinha doze anos; e assombraram-se com grande espanto. E mandou-lhes expressamente que ninguém o soubesse; e disse que lhe dessem de comer. Lucas 8:40-56

Quem era Jairo? Jairo era o chefe da sinagoga. No tempo de Jesus, um chefe da sinagoga era um fariseu instruído na lei e na sua interpretação. Ele dirigia o funcionamento da sinagoga, as orações e toda a organização desse espaço de culto.

Vemos Jairo como um homem desesperado, pois o texto diz que ele se lançou aos pés de Jesus. Muitas vezes, Jesus criticava os fariseus por sua dureza ao seguirem a lei, por sua hipocrisia e por muitos outros comportamentos que faziam com que não gostassem dele. Muitos fariseus planejaram a morte de Jesus e o odiavam porque ele confrontava não a lei em si, mas a maneira como eles a seguiam.

Para um chefe da sinagoga se lançar aos pés de Jesus, era preciso reconhecer que toda o seu conhecimento, status e sua posição já não serviam para nada. Naquele momento, a coisa mais importante para aquele homem era a misericórdia de Jesus. Esse milagre da filha de Jairo está junto com o milagre da mulher do fluxo de sangue. O texto anterior nos conta essa história.

Quando Jairo pediu a Jesus que fosse à sua casa para ver sua filha, Jesus aceitou e começou a ir. No entanto, nesse momento, a mulher do fluxo de sangue apareceu e interrompeu a caminhada. Imaginamos Jairo vendo toda aquela situação que apenas atrasava a ida de Jesus a sua casa. Jesus estava indo para sua casa e, de repente, precisou parar para falar com aquela mulher que havia tocado e sido curada. Com certeza, Jairo já conhecia a história daquela mulher, pois ela provavelmente já tinha buscado ajuda na sinagoga várias vezes, pedindo orações. Todos sabiam quem ela era.

Aquela mulher atrasou o milagre de Jairo. No entanto, percebemos algumas características importantes em seu comportamento. Ele foi humilde, teve fé, paciência para esperar por Jesus. Quando as pessoas chegaram e lhe disseram: "*A tua filha já morreu, não incomodes mais o Mestre*", Jesus respondeu: "*Não temas, crê somente.*" Naquele momento, Jairo escolheu obedecer.

Esse homem tinha todos os pré-requisitos para receber um milagre. Ele teve atitude, teve fé, porque sabia que, se Jesus impusesse as mãos sobre sua filha, ela seria curada. No entanto, antes do milagre acontecer, ele teve que enfrentar desafios. Precisou lidar com sua reputação, que foi manchada por buscar a ajuda de alguém que os fariseus rejeitavam. Ele teve humildade e paciência para esperar. Se não tivesse paciência, não teria recebido o milagre. Quando aqueles homens disseram que sua filha já havia morrido, aquele era o momento perfeito para desistir.

às vezes, estamos perto de um milagre quando alguém chega e nos diz que aquilo que queremos é impossível. O que disseram a Jairo não era uma mentira. De fato, sua filha havia morrido. Mas o que o homem natural não consegue ver é o impossível sendo transformado em possibilidade por Deus. Quando aqueles homens disseram *"não incomodes mais o Mestre"*, era como se fosse um diagnóstico ruim, um resultado negativo, um sonho desfeito.

Para nós, quase tudo é impossível e se não fosse Deus em nossas vidas, até mesmo respirar seria impossível. Não é pela força do nosso braço que conquistamos nossas vitórias, mas pelo poder de Deus, que nos dá sabedoria, inteligência, saúde e dons. Jairo poderia ter se revoltado com a mulher do fluxo de sangue e culpado a demora pelo fato de sua filha ter morrido. No entanto, ele não agiu assim, mas focou na palavra de Jesus: *"Não temas, crê somente."*

Quando chegaram à casa de Jairo, o ambiente não era propício para um milagre, todos choravam e lamentavam, então, Jesus removeu aquelas pessoas. Há momentos que precisamos remover tudo o que nos coloca para baixo. Pessoas que falam palavras negativas, que nos lembram do passado, das falhas, das impossibilidades. Todas essas vozes precisam sair da nossa vida, como Jesus fez ao tirar os incrédulos da casa.

Jesus poderia ter curado a menina sem fazer isso? Sim, mas ele fez porque era o melhor. Quando ele removeu toda aquela negatividade, ajudou os pais a continuarem crendo. Assim também devemos fazer com memórias e sentimentos negativos que nos atrapalham. Precisamos focar na palavra de Deus, no que ele diz sobre nossa vida, no que ele afirma que somos e podemos conquistar.

Jairo teve várias oportunidades para falhar na fé, mas nos deu grandes exemplos de persistência. No começo, ele acreditava que Jesus precisava impor as mãos sobre sua filha para que ela fosse curada. Mas, ao ver o milagre da mulher do fluxo de sangue, ele precisou decidir: creria na palavra das pessoas, que diziam que não havia mais solução, ou na palavra de Jesus, que dizia *"não temas, crê somente"*?

A questão é: em quem você vai crer? Vai acreditar nas vozes que dizem que você não pode, não é capaz e não vai conseguir? Ou vai confiar em Jesus, que diz que tudo é possível para aquele que crê?

O milagre na vida de Jairo foi grande, e o testemunho, ainda maior. Para receber um milagre, precisamos abrir mão de muitas coisas, largar conceitos e bagagens, para simplesmente crer na palavra de Deus. Depois disso, não precisamos fazer mais nada.

Aquela menina "dormia" um sono que poucos desejam dormir, mas seu pai estava trabalhando por ela. Ela não sabia nem percebia o que acontecia ao seu redor, enquanto ele corria de um lado a outro para lhe devolver a vida. Ele não descansou nem delegou aquela missão a outro até ver sua filha amada de volta. Não é assim que Deus faz conosco? Enquanto dormimos cansados, o Senhor trabalha sem cessar para nos dar esperança e um futuro. Nem imaginamos como, mas Deus sempre age em nosso favor.

Se buscássemos um ensinamento-chave desse milagre, encontraríamos este: a última palavra em nossas vidas sempre virá do Senhor. A última palavra da nossa história vem de Deus, pois Ele pode mudar qualquer situação. Disseram a Jairo que sua filha estava morta, mas Deus trouxe a última palavra: *"Não temas, crê somente!"*

que mais lhe chamou atenção?

_____

_____

_____

_____

Como essa reflexão pode fortalecer sua vida espiritual?

_____

_____

_____

_____

que você diria a jesus hoje?

_____

_____

_____

_____

_____

_____

"Porque para Deus nada é impossível!"
Lucas 1:37

⦿S DOIS CEGOS

Dois homens, cegos para o mundo, mas não para a esperança, eles caminharam juntos na escuridão, guiados pela esperança. Seus corações enxergavam o impossível, e suas vozes clamavam por misericórdia. No encontro com Jesus, não apenas seus olhos se abriram, mas suas almas renasceram para a luz eterna. Eles eram companheiros de sofrimento, mas também da redenção.

Jesus saiu daquele lugar, e no caminho dois cegos começaram a segui-lo, gritando:
— Filho de Davi, tenha compaixão de nós!
Assim que Jesus entrou em casa, os cegos chegaram perto dele. Então ele perguntou:
— Vocês creem que eu posso curar vocês?
— Sim, senhor! Nós cremos! — responderam eles.
Jesus tocou nos olhos deles e disse:
— Então que seja feito como vocês creem!
E os olhos deles ficaram curados. Aí Jesus ordenou com severidade:
— Não contem isso a ninguém!
Porém eles foram embora e espalharam as notícias a respeito de Jesus por toda aquela região. Mateus 9:27-31

Jesus, em algumas situações, pedia que as pessoas não divulgassem abertamente os milagres, porque, sempre que isso acontecia, sua fama crescia grandemente, tornando difícil sua entrada nas cidades. No entanto, esses dois cegos não conseguiram guardar segredo. Já vimos em outras ocasiões que Jesus pediu para não divulgarem os milagres, mas muitos não conseguiam obedecer. É compreensível, pois um milagre dessa grandeza é difícil de esconder.

Eles clamavam: *"Filho de Davi, tenha compaixão de nós!"* Gritavam aqueles homens como se tivessem a revelação do título messiânico de Jesus. Esse título messiânico reconhece Jesus como o prometido descendente de Davi, que traria libertação II Samuel 7:12-16; Isaías 11:1-5.

"Vocês creem que eu posso curar vocês?", perguntou Jesus para fazê-los declarar a sua fé. Eles precisavam confessar que criam para que a fé fosse revelada a todos e a eles também. Apenas depois que eles confessaram a sua fé, o milagre aconteceu, e Jesus diz: *"Então que seja feito como vocês creem!"*. Isso revela a dinâmica desse milagre. Eles creram, confessaram e receberam. Veremos em muitos milagres essa mesma dinâmica. Jesus muitas vezes usou a sua fé e autoridade para libertar endemoniados e doentes que não podiam ouvir e falar, mas sempre que ele encontrava fé, ele declarava "a tua fé te curou ou te salvou".

O texto nos diz que os cegos seguiram Jesus, encontraram-no e entraram na casa onde ele estava. Mas como um cego encontra algo? Isso me faz entender que eles foram levados por alguém. Essas pessoas anônimas talvez sejam as mais importantes desse milagre, pois, sem elas, aqueles cegos nunca teriam encontrado Jesus. Eles jamais teriam entrado na casa onde ele estava se não houvesse quem os conduzisse.

Vejo isso como uma grande lição para os dias de hoje. Se nós não levarmos as pessoas até Jesus, se não falarmos sobre ele, muitos continuarão cegos espiritualmente. Há uma geração de cegos procurando uma saída, mas incapazes de encontrar a salvação. E nós, como conhecedores da Palavra, muitas vezes falhamos em trazer os cegos espirituais para um encontro com Jesus.

Jesus está pronto e esperando. Ele disse: *"Onde estiverem dois ou três reunidos em meu nome, ali estarei no meio deles."* Portanto, toda igreja que prega o Evangelho genuíno tem a presença de Jesus. Mas é nossa responsabilidade trazer esses cegos espirituais para conhecerem a Palavra da Salvação e serem libertos.

Muitos já ouviram falar de Jesus, já dizem acreditar nele, mas nunca tiveram um encontro real com Ele. Pergunte a uma pessoa: "Você crê em Deus?" Ela pode responder que sim. Mas, se você perguntar: "Você já teve um encontro com Jesus? Já entregou sua vida a ele?", muitas dirão que não. Isso mostra nossa falha na comunicação do reino.

Quantas pessoas deixamos de convidar para ouvir a salvação? Lembro-me de quando estava me preparando para o vestibular. Havia um colega de classe que sempre chegava atrasado. Eu sentava no fundo da sala e sempre guardava um lugar para ele. Fizemos amizade e conversávamos sobre Jesus. Ele tinha muitas dúvidas e estava sedento por respostas. Um dia, convidei-o para ir à igreja. Na primeira visita, ele apenas ouviu, mas na segunda, aceitou a Jesus. Até hoje, ele segue firme repassando as boas novas da salvação a sua família. Se eu não tivesse feito aquele convite, talvez minhas palavras não tivessem sido suficientes para ajudá-lo. Afinal, quem convence o homem do pecado, da justiça e do juízo é o Espírito Santo.

Se aqueles homens não tivessem levado os cegos até Jesus, eles nunca seriam curados. Guiar um cego não é fácil, é preciso prestar atenção ao caminho, segurar sua mão, observar os obstáculos do caminho e isso exige esforço, tempo e dedicação. Tenho certeza de que aqueles que os conduziram foram recompensados pela cura deles e pela propagação da glória de Deus naquela cidade. Mesmo Jesus dizendo para não falarem abertamente, eles não conseguiram esconder o milagre. A glória foi tão grande que precisavam anunciá-la.

Como as pessoas encontrarão Jesus se não houver quem pregue, ensine e as leve à presença dele? Precisamos pregar Jesus, o autor e consumador da nossa fé, aquele que faz milagres, que cura, que transforma vidas e que nos dá a certeza da vida eterna.

Esse milagre nos mostra a importância daqueles que levaram os cegos até Jesus. Essas pessoas não aparecem no texto, mas sem elas o milagre não aconteceria. Seja você essa pessoa anônima, como um instrumento nas mãos do Senhor para conduzir pessoas à maravilhosa graça de Jesus.

que mais lhe chamou atenção?

_____

_____

_____

_____

Como essa reflexão pode fortalecer sua vida espiritual?

_____

_____

_____

_____

que você diria a jesus hoje?

_____

_____

_____

_____

_____

_____

_____

*"Em verdade, em verdade vos digo, que aquele que crê
em mim, as obras que faço também ele as fará; e fará maiores
que estas. Porque vou para o Pai."*
João 14:12

Ele não podia falar, mas ouvia o mundo ao seu redor. Seus lábios ansiavam por gritar, mas ele permanecia aprisionado. Sua cela não tinha barras de ferro nem paredes de concreto; era feita de silêncio, e nela vivia seu tormento.

Porém eles foram embora e espalharam as notícias a respeito de Jesus por toda aquela região. Quando eles foram embora, algumas pessoas levaram a Jesus um homem que não podia falar porque estava dominado por um demônio. Logo que o demônio foi expulso, o homem começou a falar. Todos ficaram admirados e afirmavam:

— Nunca vimos em Israel uma coisa assim!

Mas os fariseus diziam:

— O chefe dos demônios é quem dá a esse homem poder para expulsar demônios.

Jesus andava visitando todas as cidades e povoados. Ele ensinava nas sinagogas, anunciava a boa notícia sobre o Reino e curava todo tipo de enfermidades e doenças graves das pessoas. Quando Jesus viu a multidão, ficou com muita compaixão daquela gente porque eles estavam aflitos e abandonados, como ovelhas sem pastor. Então disse aos discípulos:

— A colheita é grande mesmo, mas os trabalhadores são poucos. Peçam ao dono da plantação que mande mais trabalhadores para fazerem a colheita. Mateus 9:31-38

Esse milagre faz parte de uma série de curas e libertações que Jesus realizou naquela área, mostrando sua compaixão pelos sofredores e seu domínio sobre o mal. Ele não apenas curou as enfermidades físicas, mas também libertou as pessoas da opressão espiritual. O episódio também antecipa o conflito crescente entre Jesus e os líderes religiosos da época, que se recusavam a aceitar sua autoridade divina.

Pouco sabemos sobre esse homem. Não sabemos seu nome, quem era, o que fazia, nem tampouco por quanto tempo estava aprisionado. Certamente, era uma pessoa simples, sem posição de destaque na sociedade. Por estar nessa condição, talvez fosse conhecido como "o endemoniado mudo". As pessoas o reconheciam por sua situação e não mais por quem era. Sua identidade foi mudada por esse espírito demoníaco.

Sua condição era terrível, pois não podia pedir ajuda. Ele estava como alguém que cai em um poço profundo e não tem voz para gritar por socorro. E, mesmo sem falar, Jesus ouviu a sua alma clamar por ajuda. No entanto, ele teve algo a seu favor: as pessoas que o levaram até Jesus. Sem essas pessoas, Jesus não realizaria esse milagre. Da mesma forma, se não formos até Jesus com nossos problemas e petições, Ele não operará milagres em nossas vidas.

Esse milagre foi um entre muitos naquele dia, mas o que chamou a atenção do escritor foi o contexto que envolveu esse episódio. O texto não relata a interação desse homem com Jesus, apenas diz que foi liberto e voltou a falar. No entanto, encontraremos cinco personagens que participaram desse evento: os amigos do homem, a multidão admirada, os fariseus, Jesus e o homem liberto. Em cada um desses personagens, observaremos um aspecto diferente em relação ao milagre.

Os amigos criam no poder de Jesus e decidiram ajudar esse homem na esperança de vê-lo liberto desse mal. Quem eram realmente essas pessoas? Amigos, conhecidos ou membros de sua família? Isso nunca saberemos, mas algo é certo: eles decidiram enfrentar a oposição dos líderes religiosos, que já começavam a perseguir Jesus. A atitude deles é louvável, pois deixaram suas atividades para ajudar alguém que não poderia retribuir aquele esforço. Essa foi uma verdadeira mostra de altruísmo.

A multidão ficou admirada, pois nunca havia visto algo semelhante em Israel. Eles nunca tinham presenciado tais milagres, mas já haviam ouvido falar sobre Jesus. Essa era a razão pela qual uma multidão o seguia por onde quer que Ele andasse. A admiração do povo pelos milagres de Jesus fez com que os fariseus o vissem como uma ameaça ao seu poder religioso sobre o povo. A cada dia, essa multidão aumentava e, com ela, crescia também a oposição da liderança religiosa.

Os fariseus eram um grupo religioso e político influente no judaísmo do século I. Eles eram conhecidos por sua rigorosa observância da Lei de Moisés e das tradições orais. Apesar de religiosos e seguidores dos mandamentos, eles não tinham compaixão pelos enfermos. Em vez de se alegrarem pela libertação do homem, criticaram e acusaram Jesus de ser um impostor.

O homem que chegou oprimido e amordaçado pelo mal, teve um comportamento diferente. Aquilo que não podia fazer, passou a fazer. A sua voz podia alcançar a todos ali. Talvez não estivesse entendendo o que estava acontecendo, mas agora estava livre. Apenas um encontro com Jesus e a sua vida estava totalmente transformada. As pessoas que o conheciam pelo "endemoniado mudo", agora teriam que lhe chamar pelo seu nome e não mais pela sua última condição.

Observaremos muitas vezes que pessoas foram curadas e libertas tão somente pela misericórdia do Senhor. Essas pessoas não tiveram qualquer atitude de fé ou desejo, mas a graça de Deus as alcançou. Da mesma forma, recebemos a nossa salvação. Não fizemos nada para consegui-la, nem mesmo a inquirimos, e também não a merecíamos, mas Deus nos concedeu assim mesmo. Não conhecíamos a salvação e, quando finalmente a compreendemos, percebemos que estávamos destituídos da glória de Deus. No entanto, por Seu infinito amor e misericórdia, Ele nos deu a oportunidade de receber a vida eterna por meio de Seu Filho.

Um encontro com Jesus é tudo o que precisamos para que nossa vida mude completamente, como um verdadeiro milagre. Na verdade, esse milagre acontecerá se você crer que Ele tem o poder para curar, libertar e restaurar a sua vida.

que mais lhe chamou atenção?

_____

_____

_____

_____

omo essa reflexão pode fortalecer sua vida espiritual?

_____

_____

_____

que você diria a jesus hoje?

_____

_____

_____

_____

_____

_____

*"para que vós possais compreender, com todos os
santos, qual é a largura, e comprimento, e profundidade, e
altura; e conhecer o amor de Cristo, que ultrapassa o
entendimento; para que sejais cheios de toda a plenitude de
Deus. E aquele poderoso para fazer tudo muito mais
abundantemente do que pedimos ou pensamos,
segundo o poder que opera em nós"*
Efésios 3:18-20

A PRIMEIRA MULTIPLICAÇÃO

Ouviram falar dele, e a esperança cresceu em seus corações. Muitos testemunharam milagres e sinais. No deserto, ele estava. E para o deserto partiram, carregando dores, anseios e a sede de um toque que restaurasse suas vidas.

E já a Páscoa, a festa dos judeus, estava perto. E foram-se num barco a um lugar deserto à parte. Mas as multidões os viram ir, e muitos o reconheceram. Então correram para lá a pé de todas as cidades, chegaram antes deles, e vieram para perto dele. Quando Jesus saiu do barco, viu uma grande multidão, e teve compaixão deles porque eram como ovelhas que não têm pastor.

Assim, começou a lhes ensinar muitas coisas. E quando já era tarde, os seus discípulos vieram a ele, e disseram: O lugar é deserto, e a hora já é tarde. Despede-os, para eles irem aos campos e aldeias circunvizinhos, e comprarem pão para si; pois não têm o que comer. Mas ele respondeu: Dai-lhes vós mesmos de comer.

E eles lhe responderam: Iremos, e compraremos duzentos denários de pão, para lhes darmos de comer? E ele lhes disse: Quantos pães tendes? Disse-lhe um de seus discípulos, André, o irmão de Simão Pedro: Um menino está aqui que tem cinco pães de cevada e dois peixinhos; mas que é isto entre tantos?

E mandou-lhes que fizessem sentar a todos em grupos sobre a grama verde. E sentaram-se repartidos de cem em cem, e de cinquenta em cinquenta. Ele tomou os cinco pães e os dois peixes, levantou os olhos ao céu, abençoou, e partiu os pães, e os deu aos seus discípulos, para que os pusessem diante deles. E os dois peixes repartiu com todos. Todos comeram e se saciaram. E dos pedaços de pão e dos peixes levantaram doze cestos cheios. Os que comeram os pães eram quase cinco mil homens. João 6:04, Marcos 6:32

Por onde Jesus passava, as multidões o seguiam. Ao saberem que Ele estaria naquele lugar, a notícia se espalhou, e todos correram para Betsaida, nos arredores do Mar da Galileia, chegando antes mesmo dele. O texto diz que Jesus teve compaixão daquelas pessoas, pois estavam perdidas, sem conhecimento, como ovelhas sem pastor. Estavam espiritualmente desgarradas, sem saber de onde vinham nem para onde iam.

Jesus então começou a ensinar, e o dia inteiro passou assim. Lucas, em seu relato, acrescenta: *"e falava-lhes do Reino de Deus, e sarava os que necessitavam de cura."* Em outros milagres, vemos que as multidões ficavam com Ele por dias, ouvindo Sua palavra. Neste, ocorreu em um único dia, pois o texto diz que já era tarde. Os discípulos lembraram a questão da alimentação das pessoas, mas Jesus já havia percebido isso, como vemos em João 6:5. *"Então disse Jesus a Filipe:*

— Onde vamos comprar comida para toda esta gente?

Ele sabia muito bem o que ia fazer, mas disse isso para ver qual seria a resposta de Filipe."

Podemos imaginar os detalhes que cercam esse milagre: como ele aconteceu e como chegou a esse final. Talvez um menino em casa, ouvindo o alvoroço, perguntando o que estava acontecendo e descobrindo que o profeta Jesus estava nas redondezas. Ele queria ir vê-Lo, mas sua mãe, como uma típica mãe judia, não o deixaria sair sem comida. Então, ela prepara alguns pães e peixes para ele. O menino guarda tudo em sua bolsa de couro de ovelha e segue para onde estava a multidão

Se ele soubesse o que aconteceria com aqueles pães e peixes, talvez tivesse dito às outras crianças: "Estou levando a comida para toda essa multidão!". Na verdade, ele estava carregando uma semente de um grande milagre. O interessante é que ele estava sozinho. Se estivesse com os pais, talvez eles tivessem entregado os pães e os peixes a Jesus, mas o menino o fez voluntariamente. Isso é surpreendente, pois muitas crianças não dividem o seu alimento.

Os pães e os peixes não eram suficientes para alimentar aquela multidão. Mas Jesus não precisa de nossa ajuda para fazer um milagre; Ele precisa apenas da nossa disposição e fé. O milagre é obra dele. Antes de multiplicar os alimentos, Jesus organizou a multidão em grupos de cem e cinquenta. Isso mostra que, primeiro, Ele coloca ordem antes de agir. Depois, mandou que todos se sentassem. Isso foi um sinal para que confiassem nele.

Jesus poderia simplesmente ter multiplicado os pães e os peixes e mandado distribuir, mas não fez isso. Ele quis organizar e fazer com que todos esperassem. Talvez tenha olhado para o céu, como de costume, e abençoado os alimentos. Depois, todos comeram e ficaram satisfeitos.

O impressionante é que, no final, sobraram doze cestos cheios. Onde faltava, começou a sobrar. Onde existiam dúvidas, agora existia certeza. Quando Deus realiza um milagre, Ele não apenas te alcança, mas alcança também sua família, seus amigos, seus colegas de trabalho, e nos dá um testemunho para que possamos engrandecer o Seu nome.

Agora, reflita: aquela mãe, ao preparar aqueles alimentos, não imaginava que estava alimentando uma multidão. Ela apenas quis cuidar do seu filho, mas Deus usou esse ato de amor para alimentar muitos. O menino deveria ser pobre, pois a cevada era a farinha mais fraca, usada para alimentar também os animais. O trigo era uma farinha mais valiosa e mais indicada para o pão. Ele entregou cinco pães e dois peixes, mas tenho certeza de que, ao final, comeu quantos pães e peixes quis.

Imagino que, talvez um discípulo tenha entregue a ele uma Grande porção de pães e peixes, e voltando para casa, chamando sua mãe, disse: "Mãe, vem ver isso. Sabe aquela comida que você preparou pra mim? Alimentou uma multidão!'" Acredito que, entre aquela grande multidão, outras pessoas levaram alguma comida com elas, mas o menino, que nem foi contado entre os cinco mil, o pobre e solitário, teve duas qualidades que ninguém teve: estava perto de Jesus e ofereceu o melhor que tinha ao Senhor.

Quão surpreso deve ter ficado aquele garoto ao ver o seu lanche sendo multiplicado bem diante de seus olhos! Quanto mais ele olhava, mais pães e peixes se multiplicavam. Isso me diz que, quando estamos perto de Jesus, de repente um milagre pode acontecer. Quando oferecemos o nosso melhor, Ele vai multiplicar. Se ele não oferecesse o que tinha, aquele milagre talvez acontecesse de outra forma, mas não daquela maneira.

Os discípulos não sabiam e nem imaginavam como seria possível alimentar aquela multidão, mas, quando tudo acabou, doze cestos estavam cheios, como se aquele número representasse os próprios discípulos ou as doze tribos de Israel. Como aqueles pães representassem o Pão da Vida – Jesus.

Esse dia de milagres no deserto foi especial, porque Jesus curou os enfermos, pregou sobre o reino e ainda alimentou a todos. Curou a alma e alimentou o corpo. A grande lição desse milagre é que, mesmo que pareça impossível, isso não invalida o poder de Deus. Os discípulos disseram: "Mas o que é isso para tanta gente?". Talvez você esteja dizendo a Jesus hoje: "Senhor, essa cura é impossível. Essa transformação é impossível. Esse problema não tem solução.", mas Jesus te diz: "Dá-me o teu melhor e deixa Eu te abençoar."

Deus vai usar o menor e menos provável para confundir os grandes e orgulhosos, para que ao final, o Seu nome seja glorificado. Não foi o menino, não foram os pães e nem mesmo os peixes, mas foi o poder de Deus que saciou aquela multidão. A Bíblia diz que Deus não faz acepção de pessoas. Onde quer que Jesus estivesse, Ele curava a todos. Ele deseja abençoar, salvar e restaurar a todos. Se o milagre é para todos, é para você também.

que mais lhe chamou atenção?

_____

_____

_____

_____

Como essa reflexão pode fortalecer sua vida espiritual?

_____

_____

_____

_____

que você diria a jesus hoje?

_____

_____

_____

_____

_____

_____

_____

"Não andeis, pois, ansiosos, dizendo: "Que comeremos?" Ou "Que beberemos?" Ou "Com que nos vestiremos?" Porque os gentios buscam estas coisas, e vosso Pai celestial sabe que necessitais destas coisas, todas elas."
Mateus 6:31-32

ANDANDO SOBRE AS ÁGUAS

O vento rugia e as ondas batiam mais forte ainda. Na escuridão da noite, ele caminhava sobre o tempo e as marés como se fossem nada. Nada a temer, nada a fazer, apenas retornando aos seus, porém os seus não o reconheceram.

Logo depois, Jesus ordenou aos discípulos que subissem no barco e fossem na frente para o lado oeste do lago, enquanto ele mandava o povo embora. Depois de mandar o povo embora, Jesus subiu um monte a fim de orar sozinho. Quando chegou a noite, ele estava ali, sozinho. Naquele momento o barco já estava no meio do lago. E as ondas batiam com força no barco porque o vento soprava contra ele. Já de madrugada, entre as três e as seis horas, Jesus foi até lá, andando em cima da água. Quando os discípulos viram Jesus andando em cima da água, ficaram apavorados e exclamaram:

— É um fantasma!

E gritaram de medo. Nesse instante Jesus disse:

— Coragem! Sou eu! Não tenham medo!

Então Pedro disse:

— Se é o senhor mesmo, mande que eu vá andando em cima da água até onde o senhor está.

— Venha! — respondeu Jesus.

Pedro saiu do barco e começou a andar em cima da água, em direção a Jesus. Porém, quando sentiu a força do vento, ficou com medo e começou a afundar. Então gritou:

— Socorro, Senhor! Imediatamente Jesus estendeu a mão, segurou Pedro e disse:

— Como é pequena a sua fé! Por que você duvidou?

Então os dois subiram no barco, e o vento se acalmou. E os discípulos adoraram Jesus, dizendo:

— De fato, o senhor é o Filho de Deus! Mateus 14:22-32

Este milagre poderia receber diferentes títulos: "Jesus Anda Sobre o Mar", "Pedro e Jesus Andam Sobre as Águas" ou até "Jesus Salva Pedro da Morte". Todos estariam corretos, pois Pedro começou bem, mas não conseguiu manter-se firme em sua tentativa de andar sobre as águas. Felizmente, Jesus o salvou.

Quando Pedro decidiu andar sobre as águas, ele creu em uma palavra, mas não teve fé suficiente para acreditar que conseguiria chegar até Jesus. Ele começou por impulso, mas, ao perceber o vento, o mar e a escuridão, o medo tomou conta e sua fé começou a falhar. Naquele momento, ele não percebeu que, se já estava andando sobre as águas, o vento não poderia detê-lo.

A vitória já estava debaixo dos seus pés; tudo o que ele precisava fazer era desfrutar daquele momento. Caminhar até Jesus e voltar para o barco sobre a palavra que o sustentava. Talvez, ao verem isso, os discípulos também tivessem coragem para sair do barco e caminhar sobre o mar. O título desse milagre seria: "Jesus e os discípulos andam sobre o mar". No entanto, Pedro fez a única coisa que não poderia fazer: duvidar. No instante em que a dúvida surgiu, a palavra de fé que o sustentava desapareceu. Fé e dúvida não ocupam o mesmo lugar; onde uma está, a outra tem que sair.

Jesus, por outro lado, andou sobre as águas pela fé. Quando Jesus andou sobre o mar, não o fez como um espírito ou em um corpo glorificado, mas como homem, pois ele se despojou de sua glória para vir à terra, viver plenamente como homem. A diferença é que Jesus andou pela fé guiado pelo Espírito de Deus, enquanto Pedro agiu por impulso. Pedro, em várias partes do Novo Testamento, demonstra ser impulsivo, falando e agindo rápido, sem pensar nas consequências. E, muitas vezes, isso leva a resultados indesejados.

Isso também acontece conosco quando entramos nas lutas e tempestades, apenas por impulso, confiando na nossa força, mas esquecemos de usar nossa fé de maneira firme para chegar até a vitória. De repente, nos deparamos com os ventos da vida e nos sentimos sozinhos, e nossa fé é testada.

Em 1 João 4:18, lemos: *"No amor não há medo. O amor perfeito lança fora o medo."* Se Pedro tivesse plena certeza de que Jesus era o Filho de Deus e que o amava, ele saberia que nunca iria afundar. Ele nunca teria duvidado.

Observamos que Pedro ainda não estava totalmente preparado. Às vezes, também não estamos prontos para enfrentar nossos desafios. Estamos em aprendizado e em constante preparação, assim como Pedro estava durante seus três anos e meio com Jesus. Ele ainda seria moldado para suportar o que haveria de vir em sua vida. Ao final da caminhada, Pedro pôde provar que estava pronto para enfrentar qualquer desafio e até mesmo a morte pelo martírio, por crer em Jesus.

Quando Jesus entrou no barco, o vento se aquietou, e todos O adoraram dizendo: *"Verdadeiramente, tu és o Filho de Deus."* Quando Jesus está conosco, existe a esperança do socorro e tudo no tempo certo vai se acalmar. As lutas da vida são muito mais difíceis quando Ele não está presente. Mas, quando Ele está no nosso barco, Ele nos diz: *"Aquieta-te e não temas!"*

Deus, muitas vezes, demora até o último momento para agir. Ele espera até o último instante, e isso nos prova: Será que temos fé? Será que estamos dispostos a esperar? Deus quer que confiemos nele, mesmo quando as tempestades nos rodeiam.

Pedro começou a andar sobre as águas, mas agiu por impulso, sem a fé necessária para alcançar o final. Agir por impulso nunca nos leva até o fim. Para chegarmos ao final e alcançarmos nosso milagre, precisamos crer que Deus nos ama. O medo nos faz questionar o amor de Deus, mas o amor perfeito lança fora todo o medo. O que podemos extrair desse milagre é que a dúvida é a maior inimiga da nossa vitória e que nem tudo que parece fé realmente é. O impulso pode nos fazer dar os primeiros passos, mas é a fé genuína em Deus, através de Jesus, que nos promove. Então, persista crendo, persevere até receber o seu milagre. Se você não duvidar e esperar o tempo de Deus, a vitória virá quando você mais precisar. E, quando chegar, você poderá dizer: *"Senhor, verdadeiramente Tu és o Filho de Deus."*

O que mais lhe chamou atenção?

_____

_____

_____

_____

Como essa reflexão pode fortalecer sua vida espiritual?

_____

_____

_____

_____

O que você diria a jesus hoje?

_____

_____

_____

_____

_____

_____

_____

*"O amor é paciente, é bondoso; o amor não é invejoso;
o amor não é orgulhoso, não é arrogante. O amor não trata mal;
não busca os próprios interesses, não se ira, não é rancoroso.
Não se alegra com a injustiça, mas se alegra com a verdade.
Tudo aguenta, tudo crê, tudo espera, tudo
suporta. O amor nunca falha."*
1 Coríntios 13:4-8

A MULHER CANANÉIA

Quantas vezes pedirei? Se eu pedir várias vezes e Ele me ouvir, o que será uma importunação em vista da salvação? O meu desespero me impulsionou, mas foi a Sua misericórdia que me ajudou. Ele falou da minha fé, mas eu só pensava no meu amor. Lembrava a cada instante que, em casa, o meu bem maior estava aprisionado pelo mal.

Jesus saiu dali e foi para a região que fica perto das cidades de Tiro e de Sidom. Certa mulher cananeia, que morava naquela terra, chegou perto dele e gritou:

— Senhor, Filho de Davi, tenha pena de mim! A minha filha está horrivelmente dominada por um demônio!

Mas Jesus não respondeu nada. Então os discípulos chegaram perto dele e disseram:

— Mande essa mulher embora, pois ela está vindo atrás de nós, fazendo muito barulho!

Jesus respondeu:

— Eu fui mandado somente para as ovelhas perdidas do povo de Israel.

Então ela veio, ajoelhou-se aos pés dele e disse:

— Senhor, me ajude!

Jesus disse:

— Não está certo tirar o pão dos filhos e jogá-lo para os cachorrinhos.

— Sim, senhor, — respondeu a mulher — mas até mesmo os cachorrinhos comem as migalhas que caem debaixo da mesa dos seus donos.

— Mulher, você tem muita fé! — disse Jesus. — Que seja feito o que você quer!

E naquele momento a filha dela ficou curada. Quando a mulher voltou para casa, encontrou a criança deitada na cama; de fato, o demônio tinha saído dela. Mateus 15:21, Marcos7:30

Os cananeus eram um outro povo, distinto dos israelitas. Eles habitavam a região de Canaã, que corresponde aproximadamente ao atual território de Israel, Palestina, Líbano e partes da Síria e Jordânia. Quando os israelitas entraram na Terra Prometida sob a liderança de Josué, encontraram os cananeus vivendo ali.

O povo daquela mulher praticava religiões politeístas, adorando deuses como Baal e Astarote, o que frequentemente entrava em conflito com a fé monoteísta dos israelitas. Na época de Jesus, o termo "cananeu" ainda era usado para se referir aos descendentes desses povos, especialmente aqueles que viviam na região de Tiro e Sidom (atual Líbano), como a mulher cananeia.

Os judeus consideravam os cananeus como estrangeiros e, impuros espiritualmente. No entanto, o encontro de Jesus com a mulher cananeia demonstra que a salvação e a graça de Deus não estavam restritas apenas aos judeus, mas disponíveis a todos que tivessem fé.

Se um advogado lesse essa história, certamente diria que essa mulher seria uma excelente defensora. As suas palavras e a sua fé foram as únicas coisas que lhe sobraram e ela apelou pelo menor dos direitos: o direito das migalhas. Jesus lhe respondeu com uma metáfora, comparando os judeus aos "filhos" e os gentios aos "cachorrinhos". Quando Jesus usou a imagem do pão dos filhos e dos cachorrinhos, Ele testou a fé da mulher, mas, em vez de recuar, ela aceitou a comparação e transformou a situação a seu favor. Em outras palavras, ela não discutiu sobre quem merecia mais, mas reconheceu que até as migalhas da graça de Deus seriam suficientes para ela. Sua resposta mostrou humildade e fé, e Jesus, vendo isso, atendeu ao seu pedido.

Intrinsecamente, existe uma ironia nessa história, pois os "filhos" não aceitaram Jesus na sua totalidade e, por esse motivo, o evangelho se expandiu a todos os povos gentios. João escreve no primeiro capítulo de seu livro, a partir do verso nove, dizendo: *"Ali estava a luz verdadeira, que alumia a todo homem que vem ao mundo, estava no mundo, e o mundo foi feito por ele e o mundo não o conheceu. Veio para o que era seu, e os seus não o receberam."*

A mulher cananeia representa todos nós que, mesmo não sendo originalmente parte do povo escolhido, fomos alcançados pela graça de Deus através de Jesus Cristo. Assim como ela perseverou e recebeu sua bênção, nós também somos convidados a persistir em nossa fé, confiando que Deus ouve e responde aqueles que se achegam a Ele com um coração sincero.

Alguém falou das maravilhas de Jesus para aquela mulher, e, a partir daquele momento, a fé e a esperança cresceram em seu coração. Quando tudo parecia perdido, ela lembrou de Jesus. Ao sair de casa, a esperança estava em seu coração. Ao seguir em direção a Jesus, com certeza encontrou pessoas pelo caminho que receberam ou ouviram falar de algum milagre do Profeta. Talvez, a cada passo que dava em sua direção, pessoas que passavam por ela testificassem de seus milagres, fazendo com que sua fé só aumentasse. O caminho que antes era apenas de esperança, agora era de esperança e fé.

Quais foram os passos mais rápidos, os da ida até Jesus ou os de volta para casa? Os da ida foram sofridos e rápidos, mas os da volta estavam gratos e cheios de paz. Saiu de casa gritando por ajuda, mas voltou sorrindo com um milagre. Jesus testificou que aquela mulher tinha uma grande fé, e acredito que, se a fé a levou até o Senhor, depois de receber uma palavra de bênção, ela não tinha a menor dúvida de que sua filha estava curada.

Como o servo do centurião, essa menina também recebeu o seu milagre por intermédio de alguém que a amava. A misericórdia da mãe, a misericórdia de Jesus e a misericórdia de Deus. Existem bênçãos que nos alcançam porque alguém decidiu andar em amor. Pessoas decidiram amar outras e batalhar para que a graça de Deus as alcançasse. Fomos alcançados pela graça de Deus e recebemos o evangelho da salvação porque alguém saiu do seu conforto para nos trazer as boas novas de Cristo e da vida eterna. Jesus deixou a vida celestial para viver uma vida terrena, deixou a sua glória para ser sacrificado por todos.

111

O que mais lhe chamou atenção?

_____

_____

_____

_____

_____

Como essa reflexão pode fortalecer sua vida espiritual?

_____

_____

_____

_____

O que você diria a jesus hoje?

_____

_____

_____

_____

_____

_____

"Pois com o coração se crê para a justiça, e com a boca se confessa para a salvação. Porque a Escritura diz: Todo aquele que nele crê não será envergonhado."
Romanos 10:8-11

O SURDO DE DECÁPOLIS

Um dia silencioso como outro qualquer, ou melhor, como tantos outros. O silêncio, sinônimo de paz, na verdade o atormentava. As palavras ganhavam forma apenas nos lábios alheios e, mesmo quando seguravam sua mão, a solidão ainda o envolvia, como se o mundo falasse uma língua que ele jamais pudesse ouvir.

Jesus saiu da região que fica perto da cidade de Tiro, passou por Sidom e pela região de Decápolis chegou ao lago da Galileia. Algumas pessoas trouxeram um homem que era surdo e quase não podia falar e pediram a Jesus que pusesse a mão sobre ele. Jesus o tirou do meio da multidão e pôs os dedos nos ouvidos e lhe tocou a língua com saliva. Depois olhou para o céu, deu um suspiro profundo e disse ao homem:

— "Efatá!" (Isto quer dizer: "Abra-se!")

E naquele momento os ouvidos do homem se abriram, a sua língua se soltou, e ele começou a falar sem dificuldade. Jesus ordenou a todos que não contassem para ninguém o que tinha acontecido; porém, quanto mais ele ordenava, mais eles falavam do que havia acontecido. E todas as pessoas que o ouviam ficavam muito admiradas e diziam:

— Tudo o que faz ele faz bem; ele até mesmo faz com que os surdos ouçam e os mudos falem! Marcos 7:31-35

Ele conseguia ver as palavras sendo formadas nos lábios dos outros e até podia sentir a vibração dos sons ao toque de suas mãos, mas não podia escutar som algum. Essa é a história do homem que era levado de um lado a outro pelos seus amigos.

Aquele homem não ouvia, mas percebia tudo pelo olhar. Quando Jesus o moveu de lugar, ele ficou curioso para saber o que aconteceria. Ao tocar-lhe os ouvidos e a língua, Jesus se comunicou com ele por sinais, como se dissesse: "Estou tocando os teus ouvidos porque vou te curar e molhando a tua língua porque tu vais falar." No entanto, o milagre não aconteceu até que Jesus declarou a bênção em sua vida, dizendo: "*Efatá!*" Ao tocá-lo, o Senhor criou com ele uma conexão profunda, algo que poucos curados por Jesus experimentaram.

Observo uma similaridade entre este milagre e o texto de Gênesis 2:7, quando Deus formou o homem do pó da terra. Ele poderia ter criado Adão apenas com palavras, mas decidiu moldá-lo pessoalmente. Da mesma forma, Jesus poderia ter curado aquele homem com uma simples palavra, mas decidiu tocá-lo, mostrando que ele precisava de algo mais.

A primeira pessoa a falar com aquele homem foi o Senhor; a primeira voz, o primeiro diálogo. Jesus não precisava mais fazer sinais para que ele entendesse. Que privilégio esse homem recebeu depois de tanto tempo vivendo no silêncio! Após ser curado, se lhe perguntassem o que ele ouviu pela primeira vez, ele poderia dizer: "Ouvi a doce voz de um homem bom, o Filho de Deus, que teve compaixão de mim e me trouxe da solidão para a vida plena." Da mesma maneira, Ele age conosco: quando ouvimos Sua voz e entendemos o caminho da salvação, Ele nos transporta da solidão para o Seu reino de amor.

Jesus poderia ter realizado aquele milagre onde o homem estava, mas decidiu trazê-lo para fora da multidão, o que indica que algo especial estava prestes a acontecer. Quando Jesus o tirou da multidão, ele teve a oportunidade de ficar cara a cara com o Mestre. Agora, estavam apenas Jesus, ele e seus problemas. Quando estamos sozinhos com Jesus, nossos problemas devem sair, nossas doenças se deparam com Aquele que sara e nossos medos se encontram com o Príncipe da Paz.

Jesus tocou-lhe os ouvidos, tocou-lhe a língua e mudou o seu coração. Em algumas ocasiões, Ele olhava para o céu como se indicasse que algo divino estava prestes a acontecer: um milagre. O seu suspiro profundo, revelado pela palavra grega (στενάζω - stenázō), expressava um gemido, antes de clamar a palavra "Efatá!". Com um gemido inexprimível, Jesus clamou ao Pai, como o Espírito Santo que clama por nós com gemidos inexprimíveis. Ao suspirar, Ele expressou toda a compaixão que sentia por aquele homem sofrido.

Aquilo que estava bloqueado se abriu, e o maior problema daquele homem recebeu uma ordem para desaparecer. A surdez e a dificuldade em falar eram grandes desafios em sua vida. Ao curar sua fala, Jesus lhe deu a oportunidade de poder testificar sobre a graça e a misericórdia do Senhor.

A fé vem pelo ouvir, e o ouvir da palavra de Deus. No entanto, aquele homem não tinha o privilégio de ouvir as maravilhas de Deus. Sua fé só poderia vir ao ver os milagres de Jesus. Não sabemos se ele acompanhava Jesus de outros lugares ou se naquele mesmo dia viu os milagres de Jesus.

Por causa da sua incapacidade, as pessoas o levavam pela mão. Quando Jesus o levou para fora da multidão, acredito que também o conduziu pela mão. A ajuda parecia a mesma, mas enquanto ele era guiado pelos homens, nada mudou. Foi quando Jesus o guiou para fora da multidão que sua vida mudou. A ajuda das pessoas era limitada e apenas alimentava sua dependência. Depois do milagre, aquele que precisava de ajuda se tornou independente, e o que era preso pela solidão agora estava livre. Um novo mundo estava diante dele.

Você já percebeu como uma criança observa os novos sons? Acredito que ele ficou como uma criança, surpreendido pelos sons da natureza e, principalmente, pelo som das vozes das pessoas que amava. Saber que alguém lhe ama já é muito bom, mas isso é muito melhor. Jesus não apenas lhe deu uma nova vida, mas também uma nova voz. As pessoas que o conheciam antes, ao perguntarem o que aconteceu, poderiam ouvir dele: "O 'Efatá' de Jesus aconteceu na minha vida." Todo o sofrimento foi mudado em apenas um encontro, uma palavra, um gesto do Senhor Jesus.

Os caminhos que estavam fechados e as oportunidades que estavam bloqueadas na vida daquele homem foram abertos pela misericórdia do Senhor. Da mesma forma, os nossos bloqueios e desafios vão se abrir se Jesus estiver ao nosso lado.

que mais lhe chamou atenção?

_____

_____

_____

_____

Como essa reflexão pode fortalecer sua vida espiritual?

_____

_____

_____

_____

que você diria a jesus hoje?

_____

_____

_____

_____

_____

_____

_____

"Está alguém entre vós aflito? Ore; está alguém contente? Cante louvores! Está alguém doente entre vós? Chame a si os anciãos da igreja, e estes orem sobre ele, ungindo-o com azeite no nome do Senhor; E a oração da fé salvará o doente, e o Senhor o levantará"

Tiago 5:13-15

A SEGUNDA MULTIPLICAÇÃO

Por três dias seguimos a esperança, e ela não nos decepcionou. Juntos na fome, éramos muitos, mas quando os milagres aconteceram, não mais nos recordávamos das nossas tristezas. Como ficaríamos tristes diante de tantos milagres? Poucos pães e alguns peixes foram suficientes para amontoar em cestos transbordantes.

Jesus saiu dali e foi até o lago da Galileia. Depois subiu um monte e sentou-se ali. E foram até Jesus grandes multidões levando coxos, aleijados, cegos, mudos e muitos outros doentes, que eram colocados aos seus pés. E ele curou todos. O povo ficou admirado quando viu que os mudos falavam, os aleijados estavam curados, os coxos andavam e os cegos enxergavam. E todo o povo louvou ao Deus de Israel.

Jesus chamou os seus discípulos e disse:

— Tenho compaixão dessa gente porque já faz três dias que eles estão comigo e não têm nada para comer. Não quero mandá-los embora com fome, pois poderiam cair de fraqueza pelo caminho.

Os discípulos perguntaram:

— Como vamos encontrar, neste lugar deserto, comida que dê para toda essa gente?

— Quantos pães vocês têm? — perguntou Jesus.

— Sete pães e alguns peixinhos! — responderam eles.

Aí Jesus mandou o povo sentar-se no chão. Depois pegou os sete pães e os peixes e deu graças a Deus. Então os partiu e os entregou aos discípulos, e eles os distribuíram ao povo. Todos comeram e ficaram satisfeitos; e os discípulos ainda encheram sete cestos com os pedaços que sobraram. Os que comeram foram quatro mil homens, sem contar as mulheres e as crianças.

Então Jesus mandou o povo embora, subiu no barco e foi para a região de Magadã. Mateus 15:29-39

E vieram todos

Por três dias, permaneceram, olhos fixos no Mestre, mãos erguidas, corpos frágeis, mas corações despertos. Os enfermos encontraram cura, e a multidão, louvores. A fome crescia, o deserto pesava nos passos. Quatro mil homens, talvez o dobro, mulheres, crianças, esperança nos olhos. Não vieram por tradição, mas pela necessidade de cura e libertação.

Jesus estava próximo ao Mar da Galileia, possivelmente na Decápolis, uma região habitada por gentios. Isso indica que Seu ministério não se limitava aos judeus. A multidão contava com quatro mil homens, sem contar mulheres e crianças, podendo chegar a cerca de dez mil pessoas. Longe dos fariseus e distante das sinagogas, Jesus conseguia ajudar o povo, curando-os e libertando-os.

Jesus e o monte

Interessante notar que muitos dos momentos importantes da vida de Jesus aconteceram em montes: o Sermão da Montanha, as duas multiplicações, a Transfiguração, a entrada triunfal, a crucificação e a ascensão. Nessa ocasião, Jesus também subiu a um monte, e as multidões se ajuntaram, trazendo os enfermos. As pessoas se maravilharam com a grandeza dos milagres e louvavam a Deus.

O sentimento do Mestre

Diferentemente da primeira multiplicação, as multidões ficaram por três dias seguidos com Jesus, ao ponto de não terem mais o que comer. Então veremos Jesus falar o que sentia, não que Ele não demonstrasse os seus sentimentos, mas dessa vez Ele diz: "*Eu tenho compaixão por essas pessoas*", outra vez ensinando os discípulos que aquele povo, como qualquer outro, era digno de amor e compaixão.

Jesus não queria que eles voltassem pelo caminho sem alimentação, pelo risco de desfalecerem de fome durante o percurso. O cuidado do Senhor não era apenas com o espiritual, mas também com o material. Muitos pensam que Deus se preocupa apenas com nossa vida espiritual, porém Jesus mostrou que isso não é verdade. A sua compaixão é completa, tanto espiritual como física. Quando Jesus diz: *"Não quero mandá-los com fome"*, é a mesma coisa.

Como faremos?

E perguntaram os discípulos: *"Como vamos encontrar, neste lugar deserto, comida que dê para toda essa gente?"* Na primeira multiplicação, os discípulos queriam despedir a multidão para que comprassem o seu alimento, mas Jesus lhes ordenou que alimentassem o povo. Dessa vez, eles não quiseram opinar e deixaram Jesus decidir o que fazer. Não foi falta de fé ou esquecimento do primeiro evento, eles simplesmente decidiram entregar o problema nas mãos de Jesus.

Não foi errado que eles tivessem dúvidas, pois estavam aprendendo que Jesus sempre tinha uma solução para seus problemas. Quando não sabemos o que fazer ou não entendemos o que está acontecendo, deveríamos fazer como os discípulos e perguntar a Jesus o que fazer.

E o que tendes?

Jesus tinha consciência do que fazia, mas ainda assim, dava oportunidade para que as pessoas interagissem com ele antes de realizar seus milagres. A nossa participação é fundamental para alcançarmos nossos milagres: a nossa fé e paciência determinam quando e como seremos abençoados. Deus quer que tenhamos com ele uma relação de intimidade e confiança plena, pois sem fé é impossível agradar a Deus.

Sete pães, alguns peixes, e fé nas mãos do Senhor. Ele parte o pão, reparte a graça, e o pouco se torna abundância. Mãos vazias agora seguram cestos, cheios de sobras, cheios de vida. A multidão se vai, saciada. O barco partiu para Magadã, e os milagres ficaram gravados na memória, nos olhos e no coração. Eles voltaram para suas casas, mas na areia ficaram as pegadas de um povo que presenciou um evento extraordinário.

que mais lhe chamou atenção?

_____

_____

_____

_____

Como essa reflexão pode fortalecer sua vida espiritual?

_____

_____

_____

_____

que você diria a jesus hoje?

_____

_____

_____

_____

_____

_____

"Porque já conheceis a graça de nosso Senhor Jesus Cristo, que, sendo rico, por causa de vós se fez pobre; para que com a pobreza dele, vocês se tornassem ricos."
II Coríntios 8:9

O CEGO DE BETSAIDA

A luz para ele não brilhava. Seus olhos eram tristes, e ele era sempre guiado por onde ia. Então, o toque suave da graça e a saliva se encontraram, e aquilo que não existia começou a retornar lentamente. O mundo se revelou em cores vivas, e o homem viu o Autor da Vida pela primeira vez. A escuridão deu lugar à luz da fé.

Depois Jesus e os discípulos chegaram ao povoado de Betsaida. Algumas pessoas trouxeram um cego e pediram a Jesus que tocasse nele. Ele pegou o cego pela mão e o levou para fora do povoado. Então cuspiu, passou a saliva nos olhos do homem, pôs a mão sobre ele e perguntou:

— Você está vendo alguma coisa?

O homem olhou e disse:

— Vejo pessoas; elas parecem árvores, mas estão andando. Jesus pôs outra vez as mãos sobre os olhos dele. Dessa vez o cego olhou firme e ficou curado; aí começou a ver tudo muito bem. Em seguida, Jesus mandou o homem para casa e ordenou:

— Não volte para o povoado e nem fale nada a eles!
Marcos 8:22-26

Esse milagre é breve, mas repleto de detalhes e peculiaridades. Percebemos que ele se distingue dos demais realizados por Jesus. Aqui, Ele interveio em duas etapas, enquanto em muitos casos, curava instantaneamente com uma palavra, um toque ou uma ordem. Embora haja semelhanças com outras curas, esse episódio se destaca por suas particularidades, tornando-se único entre os milagres de Jesus. Tudo indica que esse homem não era cego de nascença, pois, assim que começou a enxergar, já identificou o que estava ao seu redor. Talvez tenha perdido a visão ao longo da vida, pois reconheceu árvores e formas. Esse homem trilhou três caminhos distintos em sua jornada, e cada um deles representou uma fase em sua vida.

A jornada da dependência

Em outros milagres de cura de cegos, vemos que eles clamavam: "*Jesus, Filho de Davi!*", insistindo até serem ouvidos quando o Senhor passava. No entanto, este homem foi levado até Jesus por pessoas que o acompanharam. Assim, sua primeira caminhada foi feita na companhia daqueles que o conduziam. Durante esse trajeto, provavelmente, eles lhe diziam: "Vamos te levar até a aldeia, Jesus está lá e Ele pode te curar." Até aquele momento, ele era totalmente dependente dos outros para viver e se locomover. Ser cego naquela cultura significava ser visto como um mendigo, alguém maldito. A própria cultura desprezava os deficientes físicos, mas Jesus não o desprezou. Pelo contrário, Ele desejava um encontro pessoal e único com ele.

Rumo ao milagre

O segundo caminho foi quando Jesus segurou a sua mão e o levou para fora da aldeia. Com certeza, esse foi um momento único desse milagre. Já imaginou estar passando por dificuldades, provações, e Jesus vir, segurar a sua mão e dizer: "Vem comigo, vamos caminhar juntos"?

Jesus queria tirá-lo daquele ambiente, daquela aldeia, talvez fosse um lugar de incredulidade. Muitas vezes, estamos presos a ambientes que nos impedem de enxergar o milagre, e Jesus nos convida a segurar em Sua mão para nos levar a um lugar de descanso.

Que coisa maravilhosa ter alguém que nos ama e nos guia até o nosso milagre! A caminhada não foi curta, pois Jesus o instruiu a não voltar para a aldeia, o que indica que a aldeia estava distante o suficiente para que o povo não pudesse vê-los. O que Jesus perguntou a esse homem? Jesus gostava de interagir com perguntas e dialogar com os doentes. Enquanto caminhavam Ele talvez perguntou: "O que aconteceu contigo? Ou o que queres que eu te faça?" Mesmo sabendo das nossas lutas, Ele quer nos ouvir.

Seguindo em júbilo

O terceiro e último caminho relatado no texto foi o retorno para casa. Jesus disse: *"Não volte para o povoado e nem fale nada a eles!"* Isso indica que aquele homem não morava ali. Aquela alegria era para ele e sua família. Aquela caminhada foi a mais feliz da sua vida, pois ele estava de posse do seu milagre.

Algo interessante nesse milagre é que Jesus não agiu da mesma forma como em outros casos. Ele tocou duas vezes nos olhos do cego para restaurar completamente a visão. Na primeira vez, quando o homem começou a enxergar, sua fé deve ter aumentado, pois percebeu que algo estava acontecendo. No segundo toque, Jesus completou a obra. Às vezes, sentimos que algo começou a mudar, mas parece que o milagre parou no meio do caminho. No entanto, Jesus continua trabalhando, e, no tempo certo, Ele concluirá Sua obra.

Esse cego não foi curado instantaneamente. Ele precisou interagir com Jesus. Jesus perguntou: *"O que você vê"*. Da mesma forma, há momentos em que precisamos conversar com Deus, expressar nossa fé e compartilhar nossas dúvidas. O milagre não acontece apenas num estalar de dedos, mas no tempo determinado por Ele. O mais importante é saber que Jesus está operando, mesmo que de uma forma inesperada.

Pense na caminhada desse cego. Quando seus amigos o levaram até Jesus, ele ainda não tinha recebido o milagre. Ao começar a caminhar com Jesus, tudo mudou. Quantas vezes buscamos a Deus por uma resposta e não vemos nada acontecer? Pode ser que estejamos apenas indo ao lugar onde Jesus está, mas sem andar com Ele de verdade. A transformação acontece quando passamos a caminhar com Cristo.

Se pudéssemos extrair uma lição desse milagre, seria esta: Deus tem diferentes maneiras de operar. Seu milagre pode ser parecido com o de outra pessoa — uma cura, uma libertação, uma provisão financeira —, porém isso não significa que Ele agirá da mesma forma sempre. Deus tem infinitas maneiras de realizar o impossível em nossas vidas.

O que mais lhe chamou atenção?

_____

_____

_____

_____

Como essa reflexão pode fortalecer sua vida espiritual?

_____

_____

_____

_____

_____

O que você diria a jesus hoje?

_____

_____

_____

_____

_____

_____

*"E sabemos que todas as coisas juntamente contribuem
para o bem daqueles que amam Deus, dos que são
chamados segundo o seu propósito."*
Romanos 8:28-29

A TRANSFIGURAÇÃO

A poucos se revelou completamente, ainda que estivessem incompletos. Três viram, e três terços apenas ouviram. Uma nuvem incomum, da qual não saía chuva, mas a voz do Todo-Poderoso. Para ver, tiveram que caminhar, e para entender, crer. A subida foi difícil, a noite escura e de pálpebras cansadas, mas a descida foi alegre e cheia de esperança. A vida desses homens poderia se dividir em: antes da visão e depois dela. *"Não falem nada a ninguém"*, disse Ele.

Seis dias depois, Jesus foi para um monte alto, levando consigo somente Pedro e os irmãos Tiago e João. Ali, eles viram a aparência de Jesus mudar: o seu rosto ficou brilhante como o sol, e as suas roupas ficaram brancas como a luz. E os três discípulos viram Moisés e Elias conversando com Jesus. Então Pedro disse a Jesus:
— Como é bom estarmos aqui, Senhor! Se o senhor quiser, eu armarei três barracas neste lugar: uma para o senhor, outra para Moisés e outra para Elias.
Enquanto Pedro estava falando, uma nuvem brilhante os cobriu, e dela veio uma voz, que disse:
— Este é o meu Filho amado, que me dá muita alegria. Escutem o que ele diz! Quando os discípulos ouviram a voz, ficaram com tanto medo, que se ajoelharam e encostaram o rosto no chão. Jesus veio, tocou neles e disse:
— Levantem-se e não tenham medo! Então eles olharam em volta e não viram ninguém, a não ser Jesus. Quando estavam descendo do monte, ele lhes deu esta ordem:
— Não contem para ninguém o que viram até que o Filho do Homem seja ressuscitado. Mateus 17:1-9

A Transfiguração é um dos momentos mais esplendorosos do Novo Testamento, onde Jesus revela sua glória divina diante dos discípulos e o Pai fala sobre o Filho através de uma nuvem de glória, assim como no batismo de Jesus. A voz do Todo-Poderoso foi ouvida como testemunho do Seu ministério.

Vários personagens participaram desse evento: Pedro, Tiago, João e os profetas Elias e Moisés. Pedro, atônito, quis fazer três tendas para Jesus, Elias e Moisés, colocando-os no mesmo nível. Ele ainda não compreendia a verdadeira posição de Jesus como Senhor. A presença de Moisés e Elias simbolizava a Lei e os Profetas, pois Jesus veio para cumprir a Lei e realizar as profecias sobre o Messias.

Não foi por acaso que Deus escolheu Moisés e Elias para estarem ali. Esses profetas tinham intimidade com Deus e falavam diretamente com Ele. Seus ministérios tinham similaridades: ambos tiveram autoridade sobre a natureza. Moisés abriu o Mar Vermelho; Elias dividiu as águas do rio Jordão com sua capa. No entanto, Jesus, maior do que eles, não precisou abrir as águas, pois andou sobre elas.

Além disso, Moisés, Elias e Jesus foram os únicos na Bíblia que jejuaram por quarenta dias. Entretanto, Jesus foi o único a ser tentado por Satanás ao final desse período. A Transfiguração foi o momento em que o céu desceu e encontrou a Terra, o momento em que Deus reafirmou: *"Este é o meu Filho amado!"* Pedro ficou tão impactado que esqueceu tudo ao seu redor. Ele não lembrou de parentes, nem dos outros discípulos. Queria ficar ali, porque aquele ambiente carregava a atmosfera do céu.

Nos três evangelhos sinóticos, vemos como cada um descreveu a luz que irradiava de Jesus. Mateus diz que sua face brilhou como o sol e suas roupas se tornaram brancas como a luz. Lucas afirma que sua aparência foi transformada e suas vestes resplandeceram como um relâmpago. Já Marcos enfatiza que suas roupas se tornaram brancas como nenhum lavandeiro no mundo poderia branquear. Cada um tentou descrever algo indescritível, pois apenas quem viu pôde compreender a glória manifestada.

Outro detalhe importante é a ordem de Deus: *"Ouçam-no."* Deus estava dizendo para prestarmos atenção na mensagem de Jesus. Hoje, muitos falam sobre Moisés, Elias e os profetas, mas esquecem de ouvir o que Jesus ensinou. A ordem de Deus é clara: ouçam a Jesus! E mais do que ouvir, devemos transmitir essa mensagem a outros.

A Transfiguração se une a outros três grandes testemunhos sobrenaturais sobre Jesus. No nascimento, o anjo anunciou: *"Estou trazendo boas novas de grande alegria: hoje lhes nasceu o Salvador, que é Cristo, o Senhor"* Lucas 2:11. No batismo, Deus declarou: *"Este é o meu Filho amado, em quem me agrado"* Mateus 3:17. E na Transfiguração, Deus repete essa afirmação, acrescentando: *"A ele ouvi."*

Lucas 9:31 menciona que Moisés e Elias falavam sobre a "partida" de Jesus. No original grego, essa palavra é "êxodo". Assim como Moisés liderou o povo no êxodo rumo à Terra Prometida, Jesus abriria o caminho para a salvação da humanidade. Seu sacrifício representava um novo êxodo espiritual, conduzindo-nos de volta a Deus.

Mateus 17:2 diz que Jesus foi transfigurado. No original, a palavra usada é "metamorfose". Ele passou por uma transformação gloriosa, antecipando o que acontecerá a todos os que estiverem em Cristo, passando por uma transformação espiritual.

Outra semelhança notável: Elias foi levado aos céus diante de Eliseu, e Jesus também ascendeu diante de seus discípulos. Esses eventos mostram que a Transfiguração não foi um acontecimento aleatório, mas um evento repleto de simbolismos divinos.

Esse evento deve ser estudado com atenção, pois revela muitas verdades espirituais. Apenas três discípulos participaram desse momento: Pedro, Tiago e João. Eram os mais próximos de Jesus, aqueles que estavam sempre ao seu lado. Isso nos ensina que quem anda mais perto de Jesus experimenta revelações mais profundas.

Em Mateus 17:6, vemos que os discípulos ficaram aterrorizados ao ouvir a voz de Deus e se prostraram com o rosto em terra. Então Jesus se aproximou, tocou neles e disse: *"Levantem-se, não tenham medo."* Isso nos mostra que, quando estamos com Jesus, não há razão para temer pois sua mão nos levantará.

Muitas vezes, esquecemos que estamos com Jesus e nos deixamos dominar pelo medo. Mas Ele nos ajuda e nos encoraja a levantar. Há momentos em que precisamos sair da prostração e entender que Jesus está ao nosso lado e clamar: *"Senhor, me levanta!"*

A presença de Deus sempre será impressionante ao ser humano, pois ninguém pode ver a Deus face a face. O temor dos discípulos é justificado por essa razão, mas foi fruto da insegurança humana. Quando Jesus chegou, Ele dissipou todo o medo. O amor de Deus afasta de nós todo o medo. Quando confiamos nesse amor, entendemos que Ele cuida de nós e pode fazer infinitamente mais do que pedimos ou pensamos.

A grande lição que tiramos é esta: se estivermos com Jesus e sua Palavra estiver em nós, sempre haverá milagres em nossa vida. Na presença de Jesus, há cura, restauração, restituição, consolo e libertação do medo.

Aqueles discípulos viram a luz de Jesus, não apenas com os olhos físicos, mas com os olhos espirituais, pois a luz da salvação é a mais importante. Eles tiveram uma pequena mostra de um corpo glorificado. O Apóstolo Paulo, em sua carta aos Filipenses, escreve: *"Pois a nossa pátria está nos céus, de onde também aguardamos o Salvador, o Senhor Jesus Cristo, o qual transformará o nosso corpo de humilhação, para ser igual ao corpo da sua glória, segundo a eficácia do poder que ele tem de até sujeitar a si todas as coisas."* Filipenses 3:20-21.

Finalmente Jesus declara em João 12:46: *"Eu sou a luz do mundo. Aquele que me segue nunca andará em trevas, mas terá a luz da vida."*

que mais lhe chamou atenção?

_____

_____

_____

_____

omo essa reflexão pode fortalecer sua vida espiritual?

_____

_____

_____

_____

que você diria a jesus hoje?

_____

_____

_____

_____

_____

_____

_____

*"Lançando sobre ele toda a vossa ansiedade; porque ele
tem cuidado de vós. Sede sóbrios! Vigiai! Pois o vosso
adversário, o diabo, anda ao redor, rugindo como um leão,
buscando a quem possa devorar. Resisti a ele, firmes na fé;
sabendo que as mesmas aflições acontecem
com os vossos irmãos no mundo."*

1 Pedro 5:7-9

▣ LIBERTAÇÃO DO MENINO

No silêncio angustiante de um pai desesperado, uma criança luta contra forças invisíveis que a conduzem ao fogo e à água, como se o seu destino estivesse determinado pela destruição. A vida de um ser inocente é ameaçada por um mal que ninguém sabe controlar. Mas, ao se aproximar de Jesus, a esperança renasce. Com um gesto de amor, compaixão e autoridade, Ele organiza o caos, trazendo a cura, paz e libertação.

Quando eles chegaram [Jesus, Pedro, Tiago e João ao descerem do monte da Transfiguração] perto dos outros discípulos, viram uma grande multidão em volta deles e alguns mestres da Lei discutindo com eles. Quando o povo viu Jesus, todos ficaram admirados e correram logo para o cumprimentarem. Jesus perguntou aos discípulos:

— O que é que vocês estão discutindo com eles?

Um homem que estava na multidão respondeu:

— Mestre, eu trouxe o meu filho para o senhor, porque ele está dominado por um espírito mau e não pode falar. Sempre que o espírito ataca o meu filho, joga-o no chão, e ele começa a espumar e a ranger os dentes; e ele está ficando cada vez mais fraco. Já pedi aos discípulos do senhor que expulsassem o espírito, mas eles não conseguiram.

Jesus disse:

— Gente sem fé! Até quando estarei convosco? Até quando terei de aguentá-los? Tragam o menino aqui.

Quando o levaram, o espírito viu Jesus e sacudiu com força o menino. Ele caiu e começou a rolar no chão, espumando pela boca. Aí Jesus perguntou ao pai:

— Quanto tempo faz que o seu filho está assim?

O pai respondeu:

— Ele está assim desde pequeno. Muitas vezes o espírito o joga no fogo e na água para matá-lo. Mas, se o senhor pode, então nos ajude. Tenha pena de nós!

Jesus respondeu:

— Se eu posso? Tudo é possível para quem tem fé.

Então o pai gritou:

— Eu tenho fé! Ajude-me a ter mais fé ainda!

Quando Jesus viu que muita gente estava se juntando ao redor dele, ordenou ao espírito mau:

— Espírito surdo-mudo, saia desse menino e nunca mais entre nele!

O espírito gritou, sacudiu o menino e saiu dele, deixando-o como morto. Por isso todos diziam que ele havia morrido. Mas Jesus pegou o menino pela mão e o ajudou a ficar de pé.

Os discípulos de Jesus se aproximaram então dele em particular e lhe perguntaram:

—Por que nós não fomos capazes de expulsar aquele demônio? E Jesus lhes respondeu:

—Porque a sua fé é pequena! Digo a verdade a vocês: Se a sua fé fosse do tamanho de uma semente de mostarda, poderiam dizer a este monte: "Vá daqui para lá" e ele iria. Nada lhes seria impossível. Marcos 9:14-29, Mateus 17:19-21

Este milagre se divide claramente em duas partes. A primeira é uma discussão teológica, entre os escribas e os discípulos. A segunda parte é o milagre, onde Jesus liberta o menino do espírito maligno que o atormentava, mostrando Seu poder de cura e libertação.

Esse evento ocorre logo após a Transfiguração, quando Jesus levou Pedro, Tiago e João ao monte, e ali aconteceu a revelação de Sua glória. Ao descer do monte, Jesus encontra os outros discípulos discutindo com os escribas. Ao perguntar o que estavam discutindo, o pai da criança explica que os discípulos não conseguiram expulsar o espírito, o que gerou a indignação de Jesus. Ele já havia dado autoridade aos discípulos para expulsar demônios, como já havia ocorrido anteriormente. Todavia, eles não conseguiram expulsar aquele espírito e Jesus deixa claro a falta de fé. *"Se podes crer, tudo é possível."*

Entendemos que a falta de fé foi determinante para eles não conseguirem realizar o milagre. Jesus, com indignação, diz: *"Ó geração incrédula, até quando estarei convosco?"* Ele estava cansado de lidar com a falta de fé, especialmente depois de três anos de ministério. A incredulidade dos discípulos e dos outros líderes religiosos causou tristeza em Seu coração.

Quando Jesus encontra o menino, o espírito que estava nele se manifesta imediatamente, como se soubesse que não poderia resistir à presença de Jesus. Isso nos ensina que, quando estamos em Cristo, as trevas não podem permanecer. A luz de Cristo dissipa toda a escuridão. Jesus, então, expulsa o espírito, dizendo: *"Sai dele e não entre mais nele."* Essa é a autoridade que Cristo também nos deu. Ao tratar com o mundo espiritual, devemos sempre dizer: *"E não volte nunca mais."*

O momento culminante ocorre quando Jesus toma a mão do menino e o ergue. Isso nos ensina que, mesmo em nossos momentos mais baixos, quando estamos caídos, derrotados ou abatidos, se tomarmos a mão de Jesus, Ele nos levantará e nos fará ficar de pé. Não importa o quão difíceis sejam as circunstâncias, se temos fé em Jesus, Ele nunca nos deixará desamparados. A nossa fé é o que torna o impossível possível.

Se você se encontra em uma situação de impossibilidade, saiba que a fé em Cristo pode transformar qualquer situação. O que nos falta, muitas vezes, é crer. Jesus desafia dizendo: *"Se podes crer"*. O pai do menino, apesar de sua dúvida, clamou: *"Eu creio, Senhor, ajuda-me na minha incredulidade."* Às vezes, nossa fé é pequena, mas é no clamor sincero que Deus age.

A fé vem pelo ouvir a Palavra de Deus. Se você deseja aumentar sua fé, comece a meditar nas promessas de Deus. Abra a Bíblia e busque as promessas que Ele tem para sua vida. Não desanime nas dificuldades, pois Deus é fiel para cumprir Suas promessas nos levantar do chão.

O que mais lhe chamou atenção?

_____

_____

_____

_____

Como essa reflexão pode fortalecer sua vida espiritual?

_____

_____

_____

_____

O que você diria a jesus hoje?

_____

_____

_____

_____

_____

_____

_____

*"Bendito seja o Deus e Pai de nosso Senhor Jesus
Cristo, Pai das misericórdias e Deus de toda consolação, que
nos consola em todas as nossas tribulações, para que, com a
consolação que recebemos de Deus, possamos consolar
os que estão passando por tribulações."*
II Coríntios 1:3-4

PEDRO E A MOEDA

No lago sereno, ele lança seu anzol, sem saber o que encontraria. A água tranquila revelaria o milagre que viria à tona. O peixe e a moeda surgem como resposta a uma necessidade, como uma provisão divina. Não havia sinais visíveis, mas a fé se revelou no simples gesto de obedecer. Aquele peixe, levando em si a solução, foi mais que uma surpresa; foi um lembrete de que, nos momentos de incerteza, Deus encontra maneiras inesperadas de cuidar de nós. O impossível se torna possível, e a confiança em Seu poder nos conduz ao milagre.

Quando Jesus e os discípulos chegaram à cidade de Cafarnaum, os cobradores do imposto do Templo foram perguntar a Pedro:

— O mestre de vocês não paga o imposto do Templo?

— Paga, sim! — respondeu Pedro.

Depois Pedro entrou em casa, mas, antes que falasse alguma coisa, Jesus disse:

— Simão, o que é que você acha? Quem paga impostos e taxas aos reis deste mundo? São os cidadãos do país ou são os estrangeiros?

— São os estrangeiros! — respondeu Pedro.

— Certo! — disse Jesus. — Isso quer dizer que os cidadãos não precisam pagar. Mas nós não queremos ofender essa gente. Por isso vá até o lago, jogue o anzol e puxe o primeiro peixe que você fisgar. Na boca dele você encontrará uma moeda. Então vá e pague com ela o meu imposto e o seu. Mateus 17:24-27

Esse episódio sobre impostos nos ensina que, às vezes, é melhor trilhar um caminho mais longo para evitar um atrito ou ofensa. Jesus, como judeu, não era obrigado a pagar aquele imposto, pois ele era cobrado apenas dos estrangeiros. Contudo, ao analisar tudo o que estava envolvido, Jesus preferiu pagar, honrar a promessa de Pedro aos credores e pôr um ponto final na questão. A sabedoria do Senhor em resolver problemas com simplicidade e humildade serve de exemplo para nós. Talvez atitudes que vão nos custar alguns minutos além do normal possam nos livrar de problemas e discussões infrutíferas. O nosso tempo e as nossas relações pessoais são fatores importantes na nossa vida, pois nos ajudam a alcançar objetivos. O que menos precisamos são inimigos e discussões que não nos levarão a nada.

Jesus, entendia que não deveria pagar esse imposto e o texto não deixa claro o nome do imposto, mas como filho de Deus, Ele era o herdeiro de todas as coisas. Seria como um herdeiro de uma empresa que vai com um amigo a uma das suas lojas. Ao chegar na loja, ele pega algo para ele e seu amigo. Saindo da loja, alguém, não conhecendo o herdeiro, pergunta: "Vocês não vão pagar o que pegaram?" O amigo olha para o filho do dono, e ele diz: "Vai e paga, pois esses não nos conhecem." Aqueles homens não sabiam da grandeza de Jesus, e por isso Jesus disse: "Vai e paga o meu e o teu." Jesus, na verdade, estava agindo exatamente como ensinou no sermão da montanha, quando diz: "*E ao que quiser pleitear contigo e tirar-te a túnica, larga-lhe também a capa.*" Mateus 5:40

Esse milagre é diferente de todos, porque foi o único milagre compartilhado por Jesus e um discípulo. Interessante notar como Pedro participa de várias situações únicas. Ele foi o único discípulo que andou sobre as águas, o único repreendido duramente por Jesus. E, mais uma vez, Pedro estava com Jesus em uma situação singular. Diferentemente dos outros, esse milagre também ajudou a Jesus.

Pedro só conseguiu pagar os impostos porque estava com Jesus. Existe situações que só venceremos se estivermos caminhando com Jesus. Quão maravilhoso é caminhar com Jesus, pois não haverá qualquer falta que Ele não possa suprir. Se estivermos andando com Ele, obedecendo e crendo na Sua palavra, receberemos o milagre, como Pedro conseguiu.

Vejo três características nas atitudes do apóstolo Pedro. Primeiro, ele obedeceu. Em segundo lugar, ele creu na palavra que lhe foi dada. E, por fim, ele agiu. Se Pedro tivesse ficado parado, sem ir até o lago ou lançar o anzol na água, não teria visto o milagre acontecer. Imagine se alguém se aproximasse e perguntasse: "Pedro, você está pescando novamente? Que tipo de peixe você espera pegar?" Certamente, Pedro não responderia algo como: "Estou pescando aqui porque meu Senhor disse que, se eu lançar o anzol, virá um peixe com dinheiro na boca." Ele simplesmente creu, obedeceu e agiu, confiando que o milagre aconteceria.

Esse milagre foi feito em parceria: Jesus recebeu a Sua parte, e Pedro recebeu a sua parte. Pedro recebeu primeiro porque estava andando com Jesus. Ele estava no lugar certo, na hora certa e na companhia certa. Ele obedeceu, creu e agiu. Ele estava andando com Jesus, obedecendo à instrução e crendo na palavra que lhe foi dada. E, quando colheu o fruto da sua fé, ele não apenas ajudou a si, mas também a Jesus.

Existe uma parceria que fazemos com Deus concernente à Sua obra e à Sua igreja. Jesus lança a palavra: *"Ide por todo o mundo, pregai o evangelho a toda criatura."* Quando você obedece, ganha almas para Deus e para a igreja. Essa é uma parceria em que você ganha, e o Reino também. Todavia, precisamos andar com Jesus para que essa parceria dê certo. Devemos agir de acordo com a palavra lançada, com as promessas estabelecidas e com os ensinamentos de Jesus.

Se eu fosse retirar um ensinamento chave, eu vejo muitos aqui, mas eu vejo um ensinamento chave que eu poderia tirar desse milagre: Pedro recebeu seu milagre por estar andando lado a lado com Jesus, obedecendo à instrução e crendo na palavra lançada. Qual foi a palavra que Jesus lançou sobre a tua vida? O que Jesus tem pedido a nós? O que Ele prometeu? Apenas creia na palavra lançada do Mestre, porque a palavra de Deus nunca volta vazia.

Existem muitas promessas para nós, deixadas por Deus em Sua palavra. Existem muitas promessas de Jesus no Novo Testamento, reservadas para nós, a igreja da última hora. Apenas confie, porque qual é a tua necessidade? A necessidade de Pedro era pagar os impostos. Qual é a tua necessidade? Todos nós temos necessidades: algumas pequenas, outras gigantes e algumas que parecem impossíveis de serem alcançadas. No entanto, siga o exemplo do discípulo Pedro, que, andando com Jesus, obedeceu à Sua palavra. Ele creu na instrução e agiu, confiando que, ao fazer o que Jesus disse, receberia aquilo que Ele prometeu. A palavra de Deus não volta vazia; a palavra de Deus se cumpre. Portanto, temos que crer nas instruções de Jesus.

Quantas vezes nos deparamos com o inesperado? Pedro jamais imaginaria que sua provisão estaria dentro da boca de um peixe. Assim como Deus realizou um milagre através da palavra de Jesus, um milagre inusitado, inesperado, nunca visto, Ele pode fazer o mesmo em nossas vidas. Um milagre inesperado, que nunca aconteceu com ninguém, mas que acontecerá com você. Sabe por quê? Porque, se você andar com Jesus, crendo em Sua palavra e seguindo Suas orientações, a palavra de Jesus se cumprirá. A palavra do milagre acontecerá.

Pedro creu e agiu e tudo se tornou possível. Ele foi crendo, jogou o anzol crendo, e puxou o peixe crendo. Ao abrir a boca do peixe, viu o seu milagre.

que mais lhe chamou atenção?

_____

_____

_____

_____

omo essa reflexão pode fortalecer sua vida espiritual?

_____

_____

_____

_____

_____

que você diria a jesus hoje?

_____

_____

_____

_____

_____

_____

_____

*"Ele nos tirou do domínio das trevas e nos transportou
para o Reino do Filho de seu amor, em quem temos a libertação
pelo seu sangue: o perdão dos pecados."*
Colossenses 1.13-14

◙ CEGO DE NASCENÇA

Quando caminhava, viu um homem esquecido, cego desde o nascer. Ele nada pediu, não clamou, nada buscou, mas foi encontrado. Com lama e passos de obediência, caminhou até o seu destino. A escuridão cedeu lugar à luz, e a vergonha, à notoriedade. Antes esquecido, agora era admirado por todos. Ninguém queria saber dele, até que foi tocado. Agora, tinha uma história para contar. O que era rejeitado tornou-se uma visão do poder divino. A escuridão daquele homem foi preenchida pela luz que ninguém pôde negar. Ele obedeceu, viu e só depois creu. Um toque não só abriu seus olhos, mas também revelou uma nova vida. Porque onde todos viam apenas esquecimento, Jesus declarou esperança e propósito.

O verbo ordena: *"Vai e lava-te"*. Passos vacilantes seguem, mas a fé avança firme. A água escorre, e o milagre floresce — luz invade, cores surgem, rostos ganham forma. O que antes era sombra torna-se clareza. O esquecido é visto, o invisível é lembrado, e o pobre cego torna-se testemunha de que o toque do Enviado pode fazer.

Jesus ia caminhando quando viu um homem que tinha nascido cego. Os seus discípulos perguntaram:

— Mestre, por que este homem nasceu cego? Foi por causa dos pecados dele ou por causa dos pecados dos pais dele?

Jesus respondeu:

— Ele é cego, sim, mas não por causa dos pecados dele nem por causa dos pecados dos pais dele. É cego para que o poder de Deus se mostre nele. Precisamos trabalhar enquanto é dia, para fazer as obras daquele que me enviou. Pois está chegando a noite, quando ninguém pode trabalhar. Enquanto estou no mundo, eu sou a luz do mundo. Depois de dizer isso, Jesus cuspiu no chão, fez um pouco de lama com a saliva, passou a lama nos olhos do cego e disse:

— *Vá lavar o rosto no tanque de Siloé. (Este nome quer dizer "Aquele que Foi Enviado".)*

O cego foi, lavou o rosto e voltou vendo. Os seus vizinhos e as pessoas que costumavam vê-lo pedindo esmola perguntavam:

— *Não é este o homem que ficava sentado pedindo esmola?*

— *É! — diziam alguns.*

— *Não, não é. Mas é parecido com ele! — afirmavam outros. Porém ele dizia:*

— *Sou eu mesmo.*

— *Como é que agora você pode ver? — perguntaram.*

Ele respondeu:

— *O homem chamado Jesus fez um pouco de lama, passou a lama nos meus olhos e disse: "Vá ao tanque de Siloé e lave o rosto." Então eu fui, lavei o rosto e fiquei vendo.*

— *Onde está esse homem? — perguntaram.*

— *Não sei! — respondeu ele.*

Então levaram aos fariseus o homem que havia sido cego. O dia em que Jesus havia feito lama e curado o homem da cegueira era um sábado. Aí os fariseus também perguntaram como ele tinha sido curado.

— *Ele pôs lama nos meus olhos, eu lavei o rosto e agora estou vendo — respondeu o homem. Alguns fariseus disseram:*

— *O homem que fez isso não é de Deus porque não respeita a lei do sábado. E outros perguntaram:*

— *Como pode um pecador fazer milagres tão grandes?*

E por causa disso houve divisão entre eles. Então os fariseus tornaram a perguntar ao homem:

— *Você diz que ele curou você da cegueira. E o que é que você diz dele?*

— *Ele é um profeta! — respondeu o homem.*

Os líderes judeus não acreditavam que ele tinha sido cego e que agora podia ver. Por isso chamaram os pais dele e perguntaram:

— Esse homem é filho de vocês? Vocês dizem que ele nasceu cego. E como é que agora ele está vendo? Os pais responderam:

— Sabemos que ele é nosso filho e que nasceu cego. Mas não sabemos como é que ele agora pode ver e não sabemos também quem foi que o curou. Ele é maior de idade; perguntem, e ele mesmo poderá explicar.

Os pais disseram isso porque estavam com medo, pois os líderes judeus tinham combinado expulsar da sinagoga quem afirmasse que Jesus era o Messias. Foi por isso que os pais disseram: "Ele é maior de idade; perguntem a ele."

Então os líderes judeus chamaram pela segunda vez o homem que tinha sido cego e disseram:

— Jure por Deus que você vai dizer a verdade. Nós sabemos que esse homem é pecador. Ele respondeu:

— Se ele é pecador, eu não sei. De uma coisa eu sei: eu era cego e agora vejo!

— O que foi que ele fez a você? Como curou você da cegueira? — tornaram a perguntar. O homem respondeu:

— Eu já disse, e vocês não acreditaram. Por que querem ouvir isso outra vez? Por acaso vocês também querem ser seguidores dele? Então eles o xingaram e disseram:

— Você é que é seguidor dele! Nós somos seguidores de Moisés. Sabemos que Deus falou com Moisés; mas este homem, nós nem mesmo sabemos de onde ele é.

Ele respondeu:

— Que coisa esquisita! Vocês não sabem de onde ele é, mas ele me curou. Sabemos que Deus não atende pecadores, mas ele atende os que o respeitam e fazem a sua vontade. Desde que o mundo existe, nunca se ouviu dizer que alguém tivesse curado um cego de nascença. Se esse homem não fosse enviado por Deus, não teria podido fazer nada.

Eles disseram:

— Você nasceu cheio de pecado e é você que quer nos ensinar? E o expulsaram da sinagoga. Jesus ficou sabendo que *tinham expulsado o homem da sinagoga. Foi procurá-lo e, quando o encontrou, perguntou:*

— Você crê no Filho do Homem? Ele respondeu:

— Senhor, quem é o Filho do Homem para que eu creia nele? Jesus disse:

— Você já o viu! É ele que está falando com você!

Eu creio, Senhor! disse o homem. E se ajoelhou diante dele. Então Jesus afirmou:

— Eu vim a este mundo para julgar as pessoas, a fim de que os cegos vejam e que fiquem cegos os que veem.

Alguns fariseus que estavam com ele ouviram isso e perguntaram:

— Será que isso quer dizer que nós também somos cegos?

— Se vocês fossem cegos, não teriam culpa! — respondeu Jesus. — Mas, como dizem que podem ver, então continuam tendo culpa. João 9:1-41

Esse milagre é um dos mais ricos, completos e longos do ministério de Jesus. São quarenta e um versículos detalhando esse episódio que transformou a vida desse homem. Muitos ensinamentos podemos extrair desse relato! Três partes se dividem claramente: o milagre, a discussão religiosa entre os fariseus e a salvação do homem que era cego. Os fariseus odiavam Jesus porque Ele curava no sábado e porque o povo O seguia e O chamava de profeta — o que Ele realmente era. Por orgulho, rejeitavam Jesus.

Esse homem não fez nada para receber seu milagre. Ele não procurou Jesus, não falou com Jesus e tampouco implorou pela cura, mas Deus tinha uma hora marcada com ele. Quando Jesus disse que aquela situação era para que nele se manifestassem o poder de Deus, foi exatamente isso que aconteceu. Ele era pobre, cego, desprezado e, além de tudo, mendigo. Era tão ignorado que, após sua cura, as pessoas nem o reconheceram. João, inclusive, não registrou seu nome, demonstrando o quanto ele era desconhecido pela sociedade. No entanto, Jesus o viu, e ele não foi esquecido pelo Senhor.

O texto sugere que ele não tinha os olhos perfeitos, pois os discípulos logo identificaram que era cego de nascença; suas cavidades oculares eram provavelmente defeituosas. Quando Jesus cuspiu no chão, fez lodo e o aplicou nos seus olhos, talvez preenchendo aquelas cavidades vazias. Então, o enviou ao tanque de Siloé, cujo significado é "enviado". Assim, Jesus, o Enviado de Deus, enviou o cego ao tanque chamado "Enviado", tornando aquele homem um enviado também.

Esse homem foi obediente: não questionou, não duvidou e não reclamou. Ele simplesmente foi e obedeceu. Quando questionado sobre sua cura, respondeu: *"Só sei que eu era cego e agora vejo."* Não se preocupou em entender como o milagre aconteceu; apenas testemunhou que estava curado.

Ao constatarmos que ele não pediu para ser curado, estamos apenas observando o texto em si; não sabemos se ele havia clamado a Deus por uma cura ao longo da vida, mas que apenas estava no lugar certo. Entendemos que seu caso de cegueira era tão grave que o texto diz que nunca antes aconteceu uma cura como aquela. Durante sua vida, ele pode ter ouvido que sua cegueira era tão grave que seria impossível ser curada.

Nunca saberemos ao certo além daquilo que a Bíblia relata, mas uma coisa é certa: Deus teve misericórdia daquele homem e, da mesma forma que teve misericórdia dele, Ele tem misericórdia de nós desde que estejamos no lugar certo.

A única coisa que Jesus recebeu dele foi o seu testemunho firme e fiel. Ele não temeu os líderes religiosos e, diferentemente de seus pais, confrontou-os com fatos irrefutáveis, como: *"Eu era cego e agora vejo"* e *"Deus não atende a pecadores, mas atende aos que o respeitam e fazem a sua vontade."* Apenas dois de seus argumentos foram necessários para destruir o orgulho e a falsa acusação dos fariseus. O Senhor Jesus vê aqueles que estão esquecidos e abandonados, e não importa há quanto tempo esperamos por um milagre. Se você sofre assim, saiba que Jesus te vê e pode mudar a sua história, assim como mudou a daquele homem em um dia que, talvez, ele menos esperasse.

O que mais lhe chamou atenção?

_____

_____

_____

_____

Como essa reflexão pode fortalecer sua vida espiritual?

_____

_____

_____

_____

O que você diria a jesus hoje?

_____

_____

_____

_____

_____

_____

_____

"Pois ele disse: Não te deixarei, nem te desampararei.
De maneira que devemos ter a confiança de dizer: O Senhor é
meu ajudador; não temerei o que o ser humano poderá fazer a
mim. Lembrai-vos de vossos líderes, que vos falaram a
palavra de Deus. Observai o resultado da maneira
como viveram, e imitai a fé deles. Jesus Cristo é
o mesmo ontem, hoje e eternamente."
Hebreus 13:5-8

OS DEZ LEPROSOS

A dor uniu os esquecidos, e o sofrimento transformou dez caminhos em um só. Por que trilhar tantas veredas se a angústia é a mesma? Quem compreenderia nossa dor, senão nós mesmos? Quem saberia o que é ser desprezado, expulso e odiado até pelos seus? Os amigos nos abandonaram, a família nos faltou, mas a esperança jamais nos deixou sozinhos. E quando ouvimos falar dEle, nossa voz se transformou. Já não gritávamos *"Imundos! Imundos!"*, mas clamávamos, com o coração em chamas: *"Tem misericórdia de nós!"*.

Jesus continuava viajando para Jerusalém e passou entre as regiões da Samaria e da Galileia. Quando estava entrando num povoado, dez leprosos foram se encontrar com ele. Eles pararam de longe e gritaram:
— Jesus, Mestre, tenha pena de nós!
Jesus os viu e disse:
— Vão e peçam aos sacerdotes que examinem vocês.
Quando iam pelo caminho, eles foram curados. E, quando um deles, que era samaritano, viu que estava curado, voltou louvando a Deus em voz alta. Ajoelhou-se aos pés de Jesus e lhe agradeceu. Jesus disse:
— Os homens que foram curados eram dez. Onde estão os outros nove? Por que somente este estrangeiro voltou para louvar a Deus?
E Jesus disse a ele:
— Levante-se e vá. Você está curado porque a tua fé te salvou.
Lucas 17:11-19

Para entendermos um pouco sobre essa enfermidade, em Levítico 13:44, encontramos as orientações da lei mosaica relacionadas à lepra. Essas recomendações visavam evitar a contaminação do povo, e, por isso, as pessoas acometidas por essa doença eram separadas da comunidade, sendo obrigadas a ficar fora do povoado. Sempre que uma pessoa desavisada se aproximasse, o leproso deveria alertar, gritando: "Impuro! Impuro!". Eles tinham quatro recomendações principais: afastar-se do meio do povo, da família e da cidade, vivendo isolados; andar com as roupas rasgadas; não pentear os cabelos para cobrir a doença, deixando-os crescer; e, ao ver alguém se aproximar, gritar "Impuro!"

Naquela época, a lepra não tinha cura, e essas pessoas eram rejeitadas pela comunidade, vistas como pecadoras, malditas e abandonadas por todos. Não podiam receber cuidados da família e perdiam tudo. A condição do leproso era ainda pior que a de um mendigo, pois, apesar de sofrer preconceito e rejeição, o mendigo ainda podia viver na sociedade e perto de seus familiares. A lepra impunha, talvez, a pior condição entre todas as doenças.

Se compararmos a primeira cura de lepra em Marcos 1:40, observamos que Jesus agiu de forma diferente. No primeiro caso, Jesus tocou e curou imediatamente. Já no segundo, Jesus lançou uma palavra profética: *"Vai e mostra-te ao sacerdote"*. Os sacerdotes eram responsáveis pela inspeção sanitária e seguiam um processo específico. Quando alguém apresentava sintomas de lepra, o sacerdote examinava e, se necessário, isolava até confirmar se a pessoa estava curada ou não. Quando Jesus ordenou aos leprosos que se apresentassem ao sacerdote, eles creram que seriam curados, tendo certeza de que, ao chegar diante do sacerdote, diriam: "Jesus nos curou e nos mandou aqui para sermos examinados".

Curiosamente, eles não foram curados imediatamente, mas sim durante o caminho. Jesus então questionou: *"Não foram curados dez? Onde estão os outros nove?"* Embora seja fácil criticarmos os nove que não voltaram, a verdade é que, embora não tenham expressado gratidão, eles obedeceram ao Senhor. No entanto, perderam a oportunidade de agradecer. Mesmo assim, foram curados porque creram e obedeceram à palavra de Jesus. E essa, muitas vezes, é a forma como recebemos nossos milagres:

obedecendo à palavra de Deus, crendo em Suas promessas e vivendo em obediência e fé.

Quando aquele homem voltou para agradecer, ele recebeu uma segunda bênção. Jesus lhe disse: *"Levanta-te e vai, a tua fé te salvou"*. Imagine o privilégio de receber do próprio Salvador a declaração de que estava salvo! Os outros nove receberam apenas a cura física, mas esse homem recebeu cura e salvação. Ele não apenas obedeceu, mas voltou para agradecer e reconhecer Jesus como Senhor. Esse ato de gratidão resultou em algo muito especial: ele foi declarado salvo pelo próprio Jesus. A palavra usada para *"salvou"* no texto original grego é "sōzō", que significa completo, curado, liberto e restaurado.

Essa foi a maior bênção: quando ele voltou para agradecer, recebeu do próprio Jesus a declaração de que estava salvo. Os outros nove foram embora curados, mas apenas aquele homem — um samaritano, alguém visto como um judeu de segunda categoria, desprezado e discriminado — foi salvo. Isso nos ensina que não importa nossa condição, nacionalidade ou origem. O que importa é a fé e a obediência que nos colocam na posição certa para receber o milagre.

Com certeza, depois desse encontro com Jesus, aquele homem foi reencontrar seus amigos e familiares. Talvez alguém tenha perguntado: "Onde você foi?" E ele deve ter respondido: "Fui agradecer a minha cura e o Senhor falou que eu estava salvo".

A vida nos dá a oportunidade de agradecer a Deus por todas as bênçãos que temos. Recebemos livramentos, prosperidade, saúde e tantos outros milagres, e às vezes esquecemos de voltar ao Salvador para agradecer e adorá-Lo. Aquele samaritano se prostrou aos pés de Jesus, dando-Lhe graças. Se há uma lição para este milagre, é esta: é no caminho da obediência que recebemos nossos milagres. Não foi no início nem no fim, mas durante a caminhada que aqueles homens foram curados. Eles não sabiam quando seriam curados, mas estavam na direção certa e agindo em fé.

Naquele dia, a aldeia foi tomada por dez histórias de alegria. Ao humanizarmos esses leprosos, podemos imaginar algumas dessas histórias, como: a história de uma esposa colocando a roupa no varal e o marido aparecendo no portão da casa, limpo e curado; uma mãe alimentando seu bebê enquanto escuta, depois de muito tempo, a voz do marido ecoando pela casa; a filha brincando no quarto e a porta se abre devagar, e o pai aparecendo sorrindo; uma mulher olhando à distância enquanto começa a ver alguém andando como se fosse seu filho: "Esse não poderia ser meu filho, ele é leproso e vive fora da aldeia... Mas o andar é o mesmo e a aparência é a mesma!"; um pai sentado à mesa e, quando olha, vê o filho querido entrando em casa depois de tanto tempo; o menino que chuta sua bola para vê-la parar aos pés de seu pai; aquela que era noiva e não pôde se casar, ouvindo a notícia de que todos os leprosos da aldeia foram curados, inclusive seu noivo.

Você consegue imaginar a grandeza desse milagre? Dez famílias receberam de volta os seus amados. A misericórdia de Jesus viu essas histórias e, mesmo sem gratidão, Seu amor não fez acepção entre eles. Tanto o grato quanto os esquecidos receberam uma grande bênção. Contudo, aquele que retornou para agradecer teve uma experiência única com o Salvador. Esse homem foi o único a compreender a grandeza do Mestre. Não apenas a grandeza, mas o merecimento da gratidão. Entre todas as pessoas que ele poderia correr para abraçar, ele decidiu investir aqueles preciosos momentos de saúde para render graças ao Senhor.

Os outros nove serão sempre lembrados pela ingratidão, mas aquele que agradeceu será reconhecido como o homem grato, não mais marcado pela condição de maldição e abandono, mas exaltado por seu ato de agradecimento.

Naquela noite incomum, dez famílias compartilharam uma refeição repleta de histórias e, por mais tristes que algumas delas fossem, todas terminaram com a restauração de suas vidas.

que mais lhe chamou atenção?

_____

_____

_____

_____

omo essa reflexão pode fortalecer sua vida espiritual?

_____

_____

_____

_____

que você diria a jesus hoje?

_____

_____

_____

_____

_____

_____

*"Cristo nos resgatou da maldição da Lei ao se fazer
maldição para o nosso benefício (pois está escrito: Maldito todo
aquele que for pendurado em um madeiro). Para que a bênção
de Abraão chegasse aos gentios em Cristo Jesus, para que
recebêssemos a promessa do Espírito por meio da fé."*
Gálatas 3:13-14

⦿ HOMEM 🄷IDRÓPICO

Entre os sábios da lei estava ele; no meio dos líderes da religião, achava-se aquele que, aos olhos de todos, era digno de pena. O seu problema era visível, e a aflição não podia ser escondida, mas a sua dor ele carregava sozinho. Por onde quer que andasse, seria notado, não pelas suas qualidades, mas pela sua desgraça. O seu corpo era diferente, ainda que a sua alma fosse alma de gente. Eles discutiam se a sua sorte deveria mudar naquele momento ou esperar outro dia. Quem não sofre pode esperar, mas quem tem dor tem pressa. Para fazer o bem, teve pressa o profeta, e quem não pôde responder teve que silenciar sua hipocrisia.

Certo sábado, Jesus foi comer na casa de um líder fariseu, e as pessoas que estavam ali olhavam para Jesus com muita atenção. Um homem, com as pernas e os braços inchados, chegou perto dele. E Jesus perguntou aos mestres da Lei e aos fariseus:

— A nossa Lei permite curar no sábado ou não?

Mas eles não responderam nada. Então Jesus pegou o homem, curou-o e o mandou embora. Aí disse:

— Se um filho ou um boi de algum de vocês cair num poço, será que você não vai tirá-lo logo de lá, mesmo que isso aconteça num sábado? E eles não puderam responder. Lucas 14:1-6

A hidropisia é uma doença que causa inchaço devido à retenção de líquidos, fazendo com que partes do corpo fiquem inchadas. Em outra versão, podemos ver a palavra "inchado", mas sabemos que o nome correto da doença é hidropisia e que essa condição fazia com que o homem fosse separado e rejeitado pelo povo. Isso porque os judeus não aceitavam doenças e enfermidades, uma vez que criam na aliança que tinham com Deus, descrita em Deuteronômio 28:2, onde está escrito: *"Todas as bênçãos virão sobre ti e te alcançarão, se ouvires a voz do Senhor"*. Ali são listadas várias bênçãos, mas em Deuteronômio 28:15, estão descritas várias maldições.

O judeu acreditava que a maldição era consequência do pecado dos pais ou da própria pessoa. Assim, quando um judeu encontrava alguém enfermo, especialmente no caso desse homem doente, logo pensava: "Ele pecou, está em pecado, é um maldito" e desprezava essas pessoas.

Tanto é que, em um milagre anterior, os discípulos perguntaram a Jesus se o cego havia pecado ou se foram os pais dele. Jesus respondeu: *"Nem ele nem os pais dele."* Assim como aquele cego era rejeitado, esse também era rejeitado. Até hoje, observamos que, quando algo terrível acontece, tentamos buscar na vida da pessoa uma justificativa para aquilo acontecer. Às vezes, existe uma razão evidente fruto de uma escolha, mas muitas vezes são apenas as aflições que Jesus mencionou: *"No mundo tereis aflições, mas tende bom ânimo."* Todos nós passaremos por aflições de uma forma ou de outra. Todavia, existe a promessa de Jesus: *"Tende bom ânimo"*, porque Ele está conosco.

Aquele homem estava ali rejeitado e desprezado, porém o texto fala que ele estava perto de Jesus. Apesar do preconceito, ele foi se aproximando e, aos poucos, estava tão perto que Jesus o tocou. Em nenhum momento, Jesus desprezou aquele homem, pelo contrário, decidiu libertá-lo. Enquanto os homens olham a aparência, o Senhor olhou para ele com compaixão. Jesus não perdeu tempo, pois queria interagir com ele, trazê-lo a uma vida saudável e plena. Todavia, também queria lidar com a hipocrisia dos fariseus. Essa questão de curar em um sábado aparece por sete vezes nos milagres de Jesus, e por duas ocasiões Ele pergunta *"é lícito fazer o bem no sábado?"*. Os fariseus eram muito rígidos com a lei, mas, ao mesmo tempo, eram hipócritas, pois não a seguiam verdadeiramente. Jesus mostrou que, se um filho ou um boi deles caísse num poço no sábado, eles o retirariam. Isso revelou que não era tanto uma questão de rigidez da lei, mas sim de hipocrisia.

Em outra passagem, disse Jesus: *"o sábado foi feito para o homem, e não o homem para o sábado"*. O sábado foi instituído para servir ao homem como descanso, e não para que o homem fosse escravo dele. Jesus afirmou: *"Eu sou o Senhor do sábado."* Ele citou o exemplo de quando Davi e seus homens comeram os pães da proposição, que não era lícito comer em Mateus 12:3. Ele ensinou que a prioridade era o homem, algo que os fariseus, pela dureza de coração, não conseguiam entender. Aquele homem sabia e tinha fé que Jesus poderia curá-lo. Ele foi para a frente e se colocou ao alcance de Jesus, disposto a ser curado. Se ele estivesse escondido, envergonhado ou com medo da opinião dos outros, talvez não tivesse sido curado. Ele poderia estar na mesma casa, mas escondido lá no fundo. No entanto, o texto diz que ele estava perto.

Algo interessante é que, quando Jesus o curou, e logo o despediu. Ele não deveria ficar ali no meio daqueles que nem queriam que ele fosse curado. Jesus o enviou para junto da família, daqueles que o amavam. Às vezes, nossos inimigos estão mais próximos do que imaginamos. São aqueles que não creem no nosso milagre ou que não nos incentivam. No caso desses fariseus, eles não queriam que aquele homem fosse curado. No entanto, ele estava perto de Jesus e, por isso, recebeu sua bênção.

Talvez você pergunte: "Como eles souberam que aquele homem foi curado?" Porque ele desinchou imediatamente. Foi um milagre evidente. O texto diz que os fariseus e os doutores da lei ficaram calados. Quando Deus fizer o seu milagre, aqueles que não creem em Deus só poderão ficar calados.

É isso que devemos fazer: nos colocar à disposição do Senhor, estar perto da Sua Palavra e da Sua vontade, porque assim nossas chances se multiplicam. É impossível estar na presença do Senhor e sair da mesma forma. Ele sempre fará algo em nosso favor. Todos aqueles que chegaram à presença do Senhor com fé foram curados.

Ao meditar nas maravilhas do Senhor, fortalecemos a nossa fé, pois Ele é poderoso e não muda. O mesmo Jesus que curou o hidrópico está agindo hoje e pode operar em sua vida. Basta crer que Ele é poderoso, justo e fiel, e que Sua bondade dura para sempre.

O que mais lhe chamou atenção?

_____

_____

_____

_____

Como essa reflexão pode fortalecer sua vida espiritual?

_____

_____

_____

_____

O que você diria a jesus hoje?

_____

_____

_____

_____

_____

_____

"Portanto, todo o que ouve estas minhas palavras e as pratica, eu o compararei ao homem prudente, que construiu sua casa sobre a rocha. E a chuva desceu, correntezas vieram, ventos sopraram, e atingiram aquela casa; e ela não caiu, porque estava fundada sobre a rocha."

Mateus 7:24-25

LÁZARO

O fim não quis esperar; se esperasse um pouco, tudo seria diferente, diziam elas. Porém, teve pressa e levou consigo um amigo, um irmão. A despedida foi incompleta; faltavam amigos, faltava o quase irmão. Um dia esperou, dois aguentou, mas no terceiro partiu. O reencontro aconteceria, ele sabia, pois existe esperança após a morte, só não imaginava que seria no quarto dia. No silêncio da caverna, uma voz ecoou; essa voz o chamou, o acordou e o restaurou. Ele nunca viu tantos olhares de espanto e admiração, mas, entre todos, foi o olhar do Senhor que o alcançou. Todos pensavam que era o fim, mas como pode morrer o amigo da Vida?

Um homem chamado Lázaro estava doente. Ele era do povoado de Betânia, onde Maria e a sua irmã Marta moravam. As duas irmãs mandaram dizer a Jesus:

— Senhor, o seu querido amigo Lázaro está doente!

Quando Jesus recebeu a notícia, disse:

— O resultado final dessa doença não será a morte de Lázaro. Isso está acontecendo para que Deus revele o seu poder glorioso; e assim, por causa dessa doença, a natureza divina do Filho de Deus será revelada.

Jesus amava muito Marta, e a sua irmã, e também Lázaro. Porém quando soube que Lázaro estava doente, ainda ficou dois dias onde estava. Então disse aos seus discípulos:

— Vamos voltar para a Judeia. Mas eles disseram:

— Mestre, faz tão pouco tempo que o povo de lá queria matá-lo a pedradas, e o senhor quer voltar?

Jesus respondeu:

— Por acaso o dia não tem doze horas? Se alguém anda de dia não tropeça porque vê a luz deste mundo. Mas, se anda de noite, tropeça porque nele não existe luz. Jesus disse isso e depois continuou:

— O nosso amigo Lázaro está dormindo, mas eu vou lá acordá-lo.

— Senhor, se ele está dormindo, isso quer dizer que vai ficar bom! — disseram eles.

Mas o que Jesus queria dizer era que Lázaro estava morto. Porém eles pensavam que ele estivesse falando do sono natural. Então Jesus disse claramente:

— Lázaro morreu, mas eu estou alegre por não ter estado lá com ele, pois assim vocês vão crer. Vamos até a casa dele.

Então Tomé, chamado "Dídimo", disse aos outros discípulos:

— Vamos nós também a fim de morrer com o Mestre!

Quando Jesus chegou, já fazia quatro dias que Lázaro havia sido sepultado. Betânia ficava a menos de três quilômetros de Jerusalém, e muitas pessoas tinham vindo visitar Marta e Maria para as consolarem por causa da morte do irmão. Quando Marta soube que Jesus estava chegando, foi encontrar-se com ele. Porém Maria ficou sentada em casa. Então Marta disse a Jesus:

— Se o senhor estivesse aqui, o meu irmão não teria morrido! Mas eu sei que, mesmo assim, Deus lhe dará tudo o que o senhor pedir a ele.

— O seu irmão vai ressuscitar! — disse Jesus.

Marta respondeu:

— Eu sei que ele vai ressuscitar no último dia!

Então Jesus afirmou:

— Eu sou a ressurreição e a vida. Quem crê em mim, ainda que morra, viverá; e quem vive e crê em mim nunca morrerá. Você acredita nisso?

— Sim, senhor! — disse ela. — Eu creio que o senhor é o Messias, o Filho de Deus, que devia vir ao mundo.

Depois de dizer isso, Marta foi, chamou Maria, a sua irmã, e lhe disse em particular:

— O Mestre chegou e está chamando você.

Quando Maria ouviu isso, levantou-se depressa e foi encontrar-se com Jesus. Pois ele não tinha chegado ao povoado, mas ainda estava no lugar onde Marta o havia encontrado. As pessoas que estavam na casa com Maria, consolando-a, viram que ela se levantou e saiu depressa. Então foram atrás dela, pois pensavam que ela ia ao túmulo para chorar ali.

Maria chegou ao lugar onde Jesus estava e logo que o viu caiu aos pés dele e disse:

— Se o senhor tivesse estado aqui, o meu irmão não teria morrido! Jesus viu Maria chorando e viu as pessoas que estavam com ela chorando também. Então ficou muito comovido e aflito e perguntou:

— Onde foi que vocês o sepultaram?

— Venha ver, senhor! — responderam.

Jesus chorou. Então as pessoas disseram:

— Vejam como ele amava Lázaro!

Mas algumas delas disseram:

— Ele curou o cego. Será que não poderia ter feito alguma coisa para que Lázaro não morresse?

Jesus ficou outra vez muito comovido. Ele foi até o túmulo, que era uma gruta com uma pedra colocada na entrada, e ordenou:

— Tirem a pedra!

Marta, a irmã do morto, disse:

— Senhor, ele está cheirando mal, pois já faz quatro dias que foi sepultado! Jesus respondeu:

— Não te hei dito que, se creres, verás a glória de Deus?

Então tiraram a pedra. Jesus olhou para o céu e disse:

— Pai, eu te agradeço porque me ouviste. Eu sei que sempre me ouves; mas eu estou dizendo isso por causa de toda esta gente que está aqui, para que eles creiam que tu me enviaste.

Depois de dizer isso, gritou:

— Lázaro, venha para fora! E o morto saiu. Os seus pés e as suas mãos estavam enfaixados com tiras de pano, e o seu rosto estava enrolado com um pano.

Então Jesus disse:

— Desenrolem as faixas e deixem que ele vá.

Muitas pessoas que tinham ido visitar Maria viram o que Jesus tinha feito e creram nele. Mas algumas pessoas voltaram e contaram aos fariseus o que ele havia feito. Então os fariseus e os chefes dos sacerdotes se reuniram com o Conselho Superior e disseram:

— O que é que nós vamos fazer? Esse homem está fazendo muitos milagres! Se deixarmos que ele continue fazendo essas coisas, todos vão crer nele. Aí as autoridades romanas agirão contra nós e destruirão o Templo e o nosso país.

Então Caifás, que naquele ano era o Grande Sacerdote, disse:

— Vocês não sabem nada! Será que não entendem que para vocês é melhor que morra apenas um homem pelo povo do que deixar que o país todo seja destruído?

Naquele momento Caifás não estava falando por si mesmo. Mas, como ele era o Grande Sacerdote naquele ano, estava profetizando que Jesus ia morrer pela nação. E não somente pela nação, mas também para reunir em um só corpo todos os filhos de Deus que estão espalhados por toda parte.

Então, daquele dia em diante, os líderes judeus fizeram planos para matar Jesus. João 11:1-53

Esse milagre foi escrito apenas por João, mas essa não foi a primeira vez que Jesus ressuscitou alguém. A primeira foi a filha de Jairo, a segunda foi o filho da viúva de Naim, e agora Lázaro. Esse milagre é tão rico em detalhes que podemos dividi-lo em quatro partes: o diálogo de Jesus com os discípulos, Sua interação com Maria e Marta, o milagre em si e a reação dos líderes religiosos.

Percebemos quatro conflitos nesse milagre: os discípulos não entenderam o desejo de voltar a um lugar de perseguição; Marta e Maria não compreenderam a demora do Mestre; Lázaro não entendeu o que aconteceu; e os fariseus não aceitavam que Jesus fosse o Messias. Isso nos mostra que os planos de Deus são maiores do que qualquer compreensão humana. O impossível realmente existe diante de um Deus que tudo pode?

O mensageiro

O texto não relata o nome nem a identidade desse mensageiro e, por se tratar de uma menção tão breve — *"mandaram dizer a Jesus"* —, esse personagem pode passar despercebido. A distância que ele percorreu foi de aproximadamente 40 km. Por ser uma tarefa importante, com certeza ele era uma pessoa de muita confiança. Esse mensageiro conversou com Jesus e, provavelmente, ouviu do Mestre a seguinte declaração: *"O resultado final dessa doença não será a morte de Lázaro. Isso está acontecendo para que Deus revele o Seu poder glorioso; e assim, por causa dessa doença, a natureza divina do Filho de Deus será revelada."* Talvez esse tenha sido o recado que Jesus enviou de volta para Maria e Marta.

Certamente, havia uma grande expectativa ao retorno do mensageiro com o recado do Senhor. Jesus entregou àquele homem uma profecia de vida, algo que ainda aconteceria, mas que Ele já via como realizado. Imagino que essa pessoa tenha contado essa história por várias gerações sobre o dia em que encontrou o Messias e ouviu a profecia sobre Lázaro.

Os discípulos

Eles foram os primeiros a não entender o propósito de Deus, mesmo Jesus explicando com todos os detalhes. Era como se isso lhes estivesse encoberto do entendimento, a ponto de Jesus falar: *"pois assim vocês vão crer"*. Eles não apenas não entendiam, como também não criam.

Eles temiam pela perseguição que sofreram anteriormente no mesmo povoado, mas ainda assim obedeceram à decisão do Mestre em voltar para lá. Ao testemunharem a ressurreição de Lázaro, os discípulos vivenciaram diretamente o poder divino de Jesus sobre a morte. Esse milagre, sem dúvida, fortaleceu a fé deles e confirmou ainda mais a identidade de Jesus como o Messias, embora a compreensão plena só viesse com a ressurreição de Jesus.

As irmãs

Certamente Maria e Marta prepararam muitas refeições para Jesus durante o Seu período de amizade. Jesus as considerava como amigas e isso era mútuo. A confiança delas estava depositada no Jesus amigo e não no Jesus Messias, pois elas tinham intimidade com Ele. A última coisa que elas pensariam era que Seu amigo não viria o mais rápido possível.

Elas viam os milagres de Jesus e sabiam que Ele era poderoso para curar, mas não sabiam que ressuscitar alguém após quatro dias era possível para o Mestre. Elas criam na ressurreição do último dia, acreditavam ser Jesus o Messias, mas não entenderam que Jesus era a ressurreição e a vida.

Quantas vezes elas devem ter conversado com Jesus sobre os milagres feitos na vizinhança? Jesus chorou diante da dor de Maria e Marta, mostrando Sua compaixão. Ele sabia que ressuscitaria Lázaro, mas ainda assim Se comoveu com o sofrimento delas. Isso nos ensina que Deus Se importa com nossa dor, mesmo sabendo que, no final, tudo será resolvido.

O amigo

"O seu querido amigo Lázaro está doente", disse o mensageiro. Isso já seria o suficiente para que qualquer pessoa parasse tudo e seguisse em busca do amigo. No entanto, Jesus tinha outro plano para Lázaro que ninguém conseguiu entender. Nenhum dos personagens desse milagre conseguiu ver que a morte de Lázaro tinha um propósito determinado. Todos viam uma tragédia enquanto Jesus via um propósito.

Lázaro não precisou crer nem pedir ajuda ao Senhor, mas enquanto 'dormia', Jesus trabalhava em seu favor. Como amigos, eles deveriam ter muitas coisas em comum, pois Jesus assim o considerava. No entanto, essa amizade não o preservou de passar pela aflição da morte, mas o importante é que ele teve Jesus como sua ressurreição e vida. Depois de sua ressurreição, Lázaro também passou a ser perseguido pelos fariseus. E muitos atribuem o fato de apenas João ter narrado sua história como uma maneira de protegê-lo.

Os fariseus

Esse milagre foi determinante para que os fariseus decidissem definitivamente matar Jesus. Eles não só planejaram Sua morte, mas também a de Lázaro, pois queriam apagar qualquer evidência do poder de Cristo.

É triste perceber que muitos, mesmo vendo os milagres de Deus em suas vidas, não entendem que existe um Criador trabalhando em seu favor. Esses fariseus viram os milagres de Jesus e, ainda assim, não entenderam que milagres tão maravilhosos só poderiam acontecer com a participação de Deus.

❖

Dias se passaram e, com eles, toda a esperança se foi. "Se ao menos o Salvador viesse nos salvar, com certeza nosso irmão estaria aqui conosco", diziam elas. Pelo caminho, a comitiva do Mestre marchava em direção ao milagre. Poderia ser a comitiva da fé, mas, se não fosse pelo seu líder, pareceria muito mais a comitiva da incerteza e do medo. Ao se aproximarem da aldeia, aqueles homens não sabiam o que iriam encontrar, porém o Mestre sabia o que ia realizar.

Marta, o teu irmão vai ressuscitar", disse Ele. "Eu sei, Senhor", replicou ela, mas, na verdade, nada sabia. Maria veio e derramou todo o seu sofrimento aos pés do Senhor e, apesar de ser Senhor, Seu coração era de carne. Em Seus olhos, finalmente, encontraram-se lágrimas. Sendo Deus, chorou como homem; sendo homem, amou como Deus. Entre o milagre e Lázaro existia uma pedra. Trancado na caverna sem saída, ela não foi impedimento para a voz que carregava a vida. As ataduras lhe apertavam o corpo, porém não lhe impediram de seguir o chamado: "Lázaro, venha para fora!". Essa voz ele conhecia muito bem; era a voz do amor lhe chamando para um abraço de vida.

Naquele dia, aquele povo conheceu o Messias, que pode chamar da morte para a vida e dar a quem quer o dom da vida. Ele demonstrou que nossa fé ou a falta dela não afeta Seus planos nem Seus propósitos.

que mais lhe chamou atenção?

_____

_____

_____

_____

_____

omo essa reflexão pode fortalecer sua vida espiritual?

_____

_____

_____

que você diria a jesus hoje?

_____

_____

_____

_____

_____

_____

"Disse-lhe Jesus: Eu sou a ressurreição, e a vida; quem crê em mim, ainda que esteja morto, viverá. E todo aquele que vive, e crê em mim, para sempre não morrerá. Crês nisto?"
João 11:25-26

BARTIMEU

Era um dia como outro qualquer. Ao som do vento, ele escutava os pássaros, os pedestres e seus passos. Se fosse um dia bom, ouviria o som das moedas caindo em sua caneca. De repente, a terra começou a tremer; era o som de uma multidão que se aproximava. A multidão aumentava e, a cada instante, mais perto chegava. O barulho crescia e, com ele, a curiosidade por tanta comoção. "O que está acontecendo?", perguntou ele. "O Profeta de Nazaré, Jesus, está passando!", responderam-lhe. Então, o filho de Timeu clamou ao Filho de Davi, bradou como se não houvesse amanhã, pois aquele seria o dia do seu milagre.

Jesus e os discípulos chegaram à cidade de Jericó. Quando ele estava saindo da cidade, com os discípulos e uma grande multidão, encontrou um cego chamado Bartimeu, filho de Timeu. O cego estava sentado na beira do caminho, pedindo esmola. Quando ouviu alguém dizer que era Jesus de Nazaré que estava passando, o cego começou a gritar:

— Jesus, Filho de Davi, tenha misericórdia de mim!

Muitas pessoas o repreenderam e mandaram que ele calasse a boca, mas ele gritava ainda mais:

— Filho de Davi, tenha pena de mim!

Então Jesus parou e disse:

— Chamem o cego.

Eles chamaram e lhe disseram:

— Coragem! Levante-se porque ele está chamando você!

Então Bartimeu jogou a sua capa para um lado, levantou-se depressa e foi até o lugar onde Jesus estava.

— O que é que você quer que eu faça? — perguntou Jesus.

— Mestre, eu quero ver de novo! — respondeu ele.

— Vá; você está curado porque teve fé! — afirmou Jesus.

No mesmo instante, Bartimeu começou a ver de novo e foi seguindo Jesus pelo caminho. Marcos 10:46

Bartimeu deixou para trás três coisas que possuía: a capa, o lugar seguro e as suas esmolas. Para receber seu milagre, ele enfrentou três obstáculos: a multidão, o medo e a incerteza. Talvez Jesus tenha passado por vários cegos pelo caminho que foram silenciados pela mesma multidão, pois não tiveram a persistência de Bartimeu. Os cegos eram desprezados pela população, e um cego gritando era um distúrbio à paz. Porém, Bartimeu não permitiu que ninguém o calasse.

Sozinho, com apenas sua voz e resiliência, ele venceu uma multidão. Quanto mais pediam que se calasse, mais alto clamava. A sua voz vinha carregada de dor e desespero, pois dizia: *"Tem misericórdia de mim!"* Ele sabia que aquela poderia ser a única chance de encontrar-se com o Mestre. Poderia um clamor mudar a vida de um homem para sempre?

A multidão

Assim que levantou sua voz clamando por Jesus, ele começou a receber a represália da multidão. Essa era a primeira dificuldade que ele teria que vencer. As pessoas que poderiam ajudá-lo passaram a ser o seu maior obstáculo. O seu brado era a única arma que ele possuía para lutar, mas isso foi suficiente para chamar a atenção de Jesus. O seu grito era um clamor quebrantado, porém envolto de fé. Jesus não conseguiu resistir a esses elementos, e a expressão da sua dor atraiu o Salvador.

O medo

Como cego e mendigo, Bartimeu era desprezado pela sociedade. Ele teve que superar qualquer sentimento de indignidade e medo para buscar sua cura. A sua condição de vergonha e desprezo não o impediu de lutar pelo seu milagre. O testemunho sobre Jesus que ele ouviu criou em seu coração uma visão do impossível. Ele creu que Jesus tinha uma misericórdia para ele.

A incerteza

Diante da oposição das pessoas e da incerteza sobre como seria recebido, ele precisou ter coragem para continuar clamando por Jesus. Ele não tinha garantia alguma de que Jesus o ouviria ou atenderia, mas ainda assim perseverou. Mesmo sem ter a sua bênção nas mãos, Bartimeu deixou um exemplo de resiliência que nos inspira a continuar clamando até conseguirmos a vitória.

O ambiente conhecido

Os cegos costumavam permanecer sempre no mesmo lugar, geralmente à porta de templos ou em lugares públicos, isso aumentava as suas chances de receber alguma esmola. Estar sempre no mesmo lugar também oferecia ao cego segurança.

Quando Bartimeu ouviu que Jesus o chamava, ele não vacilou e imediatamente deixou o seu lugar seguro e enfrentou o desafio de um novo lugar, mas que poderia lhe trazer o que tanto desejava.

A capa

A capa de Bartimeu representava sua identidade como mendigo, identificava sua dependência das esmolas para sobreviver. Além disso, era um item de proteção e segurança dentro da sua realidade. Quando ele a deixou para trás ao ser chamado por Jesus, demonstrou fé e determinação, abrindo mão de sua antiga vida para receber a cura e um novo começo. Aquela capa só lhe traria esmolas, porém o milagre iria mudar a sua história.

Ele não chegou diante de Jesus carregando a referência do seu passado nem da sua condição, mas chegou diante de Jesus descoberto, pronto para receber vestes de honra e uma nova vida.

As esmolas

Tudo o que ele possuía era a sua porção diária de esmolas. Através delas, ele conseguia sobreviver até o próximo dia. Quando deixou tudo para trás, era como se dissesse que a sua zona de conforto, a proteção de sua capa e qualquer esmola que tivesse no momento não seriam mais importantes do que um encontro com Jesus. Imagine se ele não recebesse a cura: teria que pedir a alguém para levá-lo ao seu antigo lugar, trazer a sua capa de volta e esperar que as suas esmolas não tivessem sido roubadas. Porém, isso não aconteceu, pois a sua fé estava depositava em Jesus.

Quando passamos por dificuldades, nada muda até que alteramos o nosso posicionamento. Da mesma forma, aconteceu com esse cego. Jesus estava passando pelo caminho, e nada aconteceu até o momento em que ele clamou. Quando ele gritou: *"Jesus, Filho de Davi, tem compaixão de mim!"*, ele provocou uma reação do Senhor. Muitos tentaram silenciá-lo, porém ele insistiu, clamando ainda mais alto, e por essa atitude foi recompensado.

Não acontece o mesmo conosco? Às vezes, estamos sofrendo em silêncio, até que chegamos ao ponto em que não aguentamos mais e clamamos: "Deus, me ajuda! Jesus, me socorre!" Bartimeu teve fé, porque Jesus disse: *"A tua fé te salvou."* A tua fé pode curar e também pode solucionar qualquer um dos seus problemas. Deus nos pergunta hoje: *"Que queres que Eu te faça?"* Se não clamarmos, Ele continuará olhando para nós, esperando até que, pela fé provoquemos Sua reação. Quando pedimos com fé, Deus responde, porque Ele sempre nos ouve.

Deus não despreza um coração contrito. Ele diz: *"E buscar-me-eis e me achareis quando me buscardes de todo o vosso coração."* Jeremias 29:13

A bondade do Senhor é infinita e acessível a todos, mas nossa postura diante d'Ele faz toda a diferença. Existe restauração para a sua vida, existe alívio para a sua dor e solução para seus problemas. Contudo, é necessário clamar, persistir e provocar uma resposta. Deus busca um coração contrito e uma alma aberta para recebê-Lo com fé, como a fé do cego de Jericó. Onde está a sua fé? Está na sua zona de conforto, na proteção de uma capa ou na força do seu braço? Onde você tem colocado a sua fé? Coloque sua confiança em Jesus, assim como fez o cego de Jericó. Ele recebeu sua bênção, sua restituição e sua salvação. Sua vida foi transformada porque confiou no poder de Jesus. Se colocarmos nossa fé em Deus, nunca seremos envergonhados, nunca! É impossível ser abandonado quando a fé está firmada em Cristo.

O que mais lhe chamou atenção?

_____

_____

_____

_____

Como essa reflexão pode fortalecer sua vida espiritual?

_____

_____

_____

_____

O que você diria a jesus hoje?

_____

_____

_____

_____

_____

_____

_____

*"E exclamou Jesus, e disse: Quem crê em mim, não crê
somente em mim, mas também naquele que me enviou. E quem
vê a mim, vê àquele que me enviou. Eu sou a luz que vim ao
mundo, para que todo aquele que crê em mim,
não permaneça em trevas."*

João 12:44-46

▣ FIGUEIRA INFRUTÍFERA

Deveria ser um trajeto comum entre duas cidades, mas entre elas havia uma árvore. Não era a árvore da vida, nem a do conhecimento do bem e do mal. Então, o que chamou a atenção do Mestre a respeito dela? O Pão da Vida desejou comida terrena; Aquele que alimentou multidões não encontrou nela nada que pudesse multiplicar, mas dela aproveitou para ensinar.

Jesus entrou em Jerusalém, foi até o Templo e olhou tudo em redor. Mas, como já era tarde, foi para o povoado de Betânia com os doze discípulos. No dia seguinte, quando eles estavam voltando de Betânia, Jesus teve fome. Viu de longe uma figueira cheia de folhas e foi até lá para ver se havia figos. Quando chegou perto, encontrou somente folhas porque não era tempo de figos. Então disse à figueira:

— Que nunca mais ninguém coma dos seus frutos! E os seus discípulos ouviram isso. No dia seguinte, de manhã cedo, Jesus e os discípulos passaram perto da figueira e viram que ela estava seca desde a raiz. Então Pedro lembrou do que havia acontecido e disse a Jesus:

— Olhe, Mestre! A figueira que o senhor amaldiçoou ficou seca. Jesus respondeu:

— Tende fé em Deus, porque em verdade vos digo que qualquer que disser a este monte: Ergue-te e lança-te no mar, e não duvidar em seu coração, mas crer que se fará aquilo que diz, tudo o que disser lhe será feito. Por isso, vos digo que tudo o que pedirdes, orando, crede que o recebereis e tê-lo-eis. E, quando estiverdes orando, perdoai, se tendes alguma coisa contra alguém, para que vosso Pai, que está nos céus, vos perdoe as vossas ofensas. Mas, se vós não perdoardes, também vosso Pai, que está nos céus, vos não perdoará as vossas ofensas. Marcos 11:11- 26

Alguns interpretam o milagre da figueira sem frutos como um símbolo de Israel e do judaísmo, um chamado ao arrependimento e à frutificação, uma advertência à religião estéril, bem como à falsa aparência de frutificação. Contudo, o exemplo direto que Jesus ensina nesse episódio está diretamente relacionado com a fé.

Esse milagre é único em muitos aspectos. Jesus já havia feito milagres envolvendo diversos elementos naturais, como a água, o vento, a tempestade, os pães e os peixes, mas dessa vez Ele interagiu com uma árvore frutífera — na verdade, infrutífera. O texto diz que Jesus, avistando de longe uma figueira que tinha folhas, foi ver se porventura acharia nela alguma coisa e, chegando a ela, nada encontrou senão folhas, porque não era tempo de figos.

Sempre questionei por que Jesus teve que amaldiçoar a figueira se não era tempo de figos. Mas, depois de pesquisar, entendi que a figueira, quando está cheia de folhas, já sinaliza ter figos. Então, quando Jesus viu de longe a figueira com folhas, foi atrás de frutos, mas nada encontrou, senão folhas.

Jesus falou à figueira pela manhã; depois, foi ao templo e, ao voltar pelo mesmo caminho, Pedro viu que a figueira tinha secado desde as raízes e alertou Jesus sobre o que havia ocorrido. Então, Ele explicou para Pedro e os discípulos quais eram as condições para um milagre. Ensinou que, para acontecer um milagre, não poderia existir nenhuma dúvida no coração. Entendemos por que Seus milagres aconteciam rapidamente e sempre tinham sucesso: Ele não duvidava em Seu espírito, pois tinha uma fé inabalável e também não carregava dúvida em Seu coração.

Ele ensinou que tudo é possível para aqueles que pedem crendo, sem duvidar. Explicou a Pedro e aos discípulos como isso acontece. Pedro diz: "*Mestre, secou-se a figueira que amaldiçoaste*". E Jesus respondeu: "*Tende fé em Deus*". Esse foi o primeiro passo. O segundo passo foi a declaração de fé do que se deseja "*qualquer que disser*" O terceiro passo foi crer que acontecerá exatamente como se falou "*e não duvidar em seu coração, mas crer que se fará aquilo que diz, tudo o que disser lhe será feito."* O quarto passo foi estar em paz com Deus e com o irmão. Ele explicou: *"perdoai, se tendes alguma coisa contra alguém"*.

Todas essas condições trabalham em conjunto. Se fôssemos parafrasear esses quatro versículos em um só, diríamos: "Qualquer que disser sem duvidar pode ter tudo o que quiser, desde que esteja em paz com o irmão e com Deus". Aqueles homens tiveram o privilégio de aprender a decodificação de como alcançar um milagre. Até então, eles não sabiam como Jesus operava e muito menos sabiam que tudo o que Ele fazia era baseado em fé e amor. Jesus precisou deixar claro várias vezes que eles eram capazes de fazer o mesmo e até mesmo coisas bem maiores, usando o Seu poder e autoridade segundo a vontade do Pai.

Nesse milagre, Jesus ensina como alcançar qualquer milagre, um ensinamento que todo cristão deveria sempre seguir. Quando chegamos a momentos de indignação na vida, em que a nossa paciência com a dificuldade chega ao fim, é nesse momento que essa oração deve ser feita. Quando você não aguentar mais uma situação, use as mesmas palavras que Jesus usou: *"Nunca mais!"*. Jesus falou para aquela figueira: *"Que nunca mais ninguém coma dos seus frutos!"*. Era como se Ele estivesse dizendo àquela árvore que a Sua paciência havia se encerrado e que não mais aceitaria aquela situação se repetindo.

Existem situações na vida que exigem essa ordem espiritual, essa indignação, para dizer: "Nunca mais!". "Nunca mais doença!", "Nunca mais tormento!", "Nunca mais escassez!". Qual é o "nunca mais" da tua vida?

A nossa condição sempre será determinada pelo nosso posicionamento; onde vivemos, como vivemos, a nossa profissão, nossos relacionamentos. Nós suportamos muitas condições ruins apenas por conveniência e falta de atitude. Se aprendermos com Jesus, sempre que alguma condição não for aquela que Deus planejou para nós, a nossa oração tem que ser: *"Nunca mais!"*.

O que mais lhe chamou atenção?

_____

_____

_____

_____

Como essa reflexão pode fortalecer sua vida espiritual?

_____

_____

_____

_____

O que você diria a jesus hoje?

_____

_____

_____

_____

_____

_____

_____

*"Mas o ser humano natural não compreende as coisas
que são do Espírito de Deus, porque lhe são loucura; e não as
pode entender, porque se discernem espiritualmente. Porém,
aquele que é espiritual discerne todas as coisas, mas ele é
discernido por ninguém. Porque quem conheceu a mente
do Senhor, para que o possa instruir?
Mas nós temos a mente de Cristo."*
I Coríntios 2:14-16

PEDRO E MALCO

Naquela noite, ele caminhava com sua lamparina em direção ao Getsêmani. Não imaginava que sua vida iria mudar completamente e que seus planos de captura seriam transformados. Inesperadamente, sentiu a lâmina rasgar-lhe a carne, a dor ardente misturando-se ao espanto. Um servo, em meio ao caos, não esperava misericórdia, mas encontrou a mão que cura em vez da que fere. No instante em que sua orelha foi restaurada, o eco do amor falou mais alto que a espada. Ali, diante do acusado, ele viu o poder que não destrói, mas restaura.

Tendo Jesus dito isso, saiu com os seus discípulos para além do ribeiro de Cedrom, onde havia um horto, no qual ele entrou com os seus discípulos. E Judas, que o traía, também conhecia aquele lugar, porque Jesus muitas vezes se ajuntava ali com os seus discípulos. Tendo, pois, Judas recebido a coorte e oficiais dos principais sacerdotes e fariseus, veio para ali com lanternas, e archotes, e armas. Sabendo, pois, Jesus todas as coisas que sobre ele haviam de vir, adiantou-se e disse-lhes: A quem buscais? Responderam-lhe: A Jesus, o Nazareno. Disse-lhes Jesus: Sou eu. E Judas, que o traía, estava também com eles. Quando, pois, lhes disse: Sou eu, recuaram e caíram por terra. Tornou-lhes, pois, a perguntar: A quem buscais? E eles disseram: A Jesus, o Nazareno. Jesus respondeu: Já vos disse que sou eu; se, pois me buscais a mim, deixai ir estes, para se cumprir a palavra que tinha dito: Dos que me deste nenhum deles perdi. Então, Simão Pedro, que tinha espada, desembainhou-a e feriu o servo do sumo sacerdote, cortando-lhe a orelha direita. E o nome do servo era Malco. E, respondendo Jesus, disse: Deixai-os; basta. E, tocando-lhe a orelha, o curou. E disse Jesus aos principais dos sacerdotes, e capitães do templo, e anciãos que tinham ido contra ele: Saístes com espadas e porretes, como para deter um salteador? Tenho estado todos os dias convosco no templo e não estendestes as mãos contra mim, mas esta é a vossa hora e o poder das trevas. João 18:1-10, Lucas 22:51-53

O nome Malco (Μάλχος, *Malchos* em grego) significa "rei". Portanto, o nome Malco pode ter sido um nome de prestígio, embora ele fosse um servo, o texto diz que ele era um servo do Sumo sacerdote. A prisão de Jesus foi essencialmente uma missão religiosa, pois foi ordenada pelo Sinédrio, que era o conselho judaico responsável por questões religiosas e jurídicas na época.

Os líderes religiosos viam Jesus como uma ameaça à sua autoridade e à estabilidade do templo. Os guardas dos principais da sinagoga e a guarda romana também acompanhavam de longe, mas Malco não fazia parte de nenhum desses grupos. Ele era o braço direito do sumo sacerdote Anás. Pela importância da prisão de Jesus, percebe-se que Malco estava na linha de sucessão do sumo sacerdócio.

O Sumo sacerdote como a autoridade máxima, seria algo semelhante a um Papa católico nos dias atuais. Malco era seu homem de confiança. A prisão de Jesus foi um evento tão importante para os líderes religiosos que, depois do milagre da ressurreição de Lázaro, os líderes disseram: "*Nós vamos perder tudo, porque, se esse homem continuar fazendo esses milagres, os romanos virão, tomarão a sinagoga, tomarão o nosso rei, tomarão tudo, e ficaremos sem nada.*" Por isso, o Sumo sacerdote colocou Malco como chefe dessa missão. Malco estava à frente de todos, e quando Simão Pedro puxou a espada, atingiu exatamente quem estava à frente.

Algo interessante sobre esse evento é que todos ficaram espantados com a atitude de Pedro e não reagiram imediatamente. Isso deu tempo para Jesus acalmar a todos, dizer 'basta' e recolocar a orelha de Malco de volta. Eles não esperavam violência por parte de Jesus. Certamente, Judas havia dito: 'Não se preocupem, o Mestre prega o amor. Ele nunca usou violência com ninguém. Ele só prega a paz. Não haverá problema e será fácil prendê-lo. Ele está no Getsêmani, no Jardim das Oliveiras.' Quando Pedro usou a espada, todos ficaram surpresos, pois Jesus não era um homem violento, mas logo corrigiu tudo, repreendeu Pedro, restaurou e curou.

Malco saiu de casa para cumprir uma missão. Ele não precisava de um milagre e nem sabia que receberia um. No entanto, foi a pessoa que recebeu o milagre mais rápido. Assim que precisou, Jesus o curou. Se Malco continuasse sem a orelha, ele seria considerado defeituoso e nunca poderia ser sacerdote ou oferecer ofertas no templo. Sofreria preconceito e perderia sua posição como servo do sumo sacerdote. No momento em que a espada cortou sua orelha, sua vida parecia ter acabado, pois uma pessoa com defeito físico não poderia servir no templo. Ele provavelmente já estava na escola dos sacerdotes e ajudava o sumo sacerdote, almejando um dia ocupar essa posição. Porém, se ficasse com um defeito, jamais chegaria lá.

Considere Malco explicando à sua esposa por que a sua roupa estava suja de sangue, se ele não tinha nenhum machucado em seu corpo. A cada momento em que lhe perguntavam sobre o ocorrido, ele era forçado a testemunhar da bondade de Jesus e sobre o Seu poder de cura.

Outro aspecto importante neste texto é a demonstração do amor incondicional de Jesus. A Bíblia diz que não existe amor maior do que aquele que dá a sua vida pelos seus amigos. Jesus não apenas a deu pelos amigos, mas por toda a humanidade. Ele agia em amor, sendo a personificação do amor de Deus. No momento de Sua prisão, a Sua primeira preocupação foi proteger Seus discípulos: *"Podeis me levar, mas deixai estes irem."* A Sua segunda preocupação foi curar Malco.

Por ser o braço direito do Sumo Sacerdote, ele presenciou todas as discussões entre Jesus e os líderes religiosos da época. Ele conheceu todos os Seus milagres, ensinos e sinais. Seria possível que, depois da cura e da restauração que recebeu de Jesus, ele tenha mantido a mesma opinião? Talvez tudo o que pensava sobre o Senhor tenha mudado, pois teve uma experiência pessoal com o Messias.

Imagino as pessoas lhe perguntando depois: "É verdade que você perdeu a orelha e Jesus a curou?" Agora, ele teria que declarar o poder e a misericórdia de Jesus. Sempre digo que é impossível ter um encontro com Jesus e sair da mesma forma. Malco planejou tudo naquele dia. Talvez tenha planejado a prisão, os diálogos, tudo o que diria, mas tudo mudou quando entrou em contato com Jesus. Seus planos foram transformados por esse encontro. Sua perspectiva mudou. Suas opiniões mudaram. E, pela misericórdia de Jesus, ele recebeu seu milagre.

Ele não saiu de casa, como muitos outros, para ir à sinagoga na esperança de ver Jesus e presenciar um milagre. Pelo contrário, foi para prendê-lo. O que será que ele entendeu depois desse episódio? Talvez tenha ponderado: "Prendi o homem que me curou e fui participante de Sua morte." Claro que o verdadeiro responsável foi o Sumo Sacerdote, que deu a ordem, mas ele foi um instrumento. A Bíblia não relata o que aconteceu com Malco; no entanto, consigo imaginá-lo crendo em Jesus como Salvador logo após a Ressurreição.

Na Ressurreição de Jesus, os guardas que estavam no túmulo testemunharam o poder de Deus e o milagre da Ressurreição. Eles viram o anjo, o terremoto e a pedra removida. Contudo, os líderes religiosos disseram: "Vamos pagar vocês para dizerem que os discípulos roubaram o corpo." Malco certamente soube disso. Agora, ele sabia que Jesus curava, que era bondoso e que cumpriu exatamente o que prometeu: ressuscitar.

Malco não buscava, não cria, não merecia, mas recebeu o seu milagre. E você, que crê, que tem aliança com Deus, que busca e tem fé, não receberá? Claro que receberá! Talvez não no tempo que imagina, mas, se perseverarmos, receberemos. Se Jesus teve misericórdia de Malco, da mesma forma Ele terá misericórdia das nossas necessidades, pois Deus não faz acepção de pessoas conforme as Suas promessas. *"Aquele que nem mesmo a seu próprio Filho poupou, antes, o entregou por todos nós, como não nos dará também com ele todas as coisas?"* Romanos 8:32

O que mais lhe chamou atenção?

_____

_____

_____

_____

Como essa reflexão pode fortalecer sua vida espiritual?

_____

_____

_____

_____

_____

O que você diria a jesus hoje?

_____

_____

_____

_____

_____

_____

_____

"Esse era seu propósito eterno, que ele realizou por meio de Cristo Jesus, nosso Senhor. Por meio da fé em Cristo, agora nós, com ousadia e confiança, temos acesso à presença de Deus."
Efésios 3:11-12

A CRUCIFICAÇÃO

Era chegada a hora, e Aquele que foi oferecido antes da fundação do mundo caminhava em direção ao Seu destino. Seus passos levantavam o pó da terra, enquanto a fúria de Seus inimigos derramava Seu sangue puro no chão. Pelo caminho, ficavam as marcas da Sua santidade, enquanto molhava a terra com o suor do Seu sacrifício. A cada momento que passava, o peso apenas aumentava, e parecia que o fardo de toda a humanidade estava sobre os Seus ombros.

Aqueles que acompanhavam a cena de crueldade nem imaginavam que a carga dos seus erros estava sendo carregada por Ele. O Bendito se fazendo maldito para que todos fossem feitos filhos. Ao ser erguido, levantou consigo todos os caídos, e aos cativos os libertou todos de uma vez. Ao rasgar-Se a carne, abriu-se um novo e vivo caminho, por onde podemos chegar ao topo do céu.

Em Seu último brado, dividiu a eternidade em dois caminhos: um de salvação e outro de esquecimento eterno.

Jesus perante Pilatos (Jo 18:28, Lc 23:2, Jo 18:31)

Levaram, pois Jesus da casa de Caifás para o tribunal. E era pela manhã; e não entraram no tribunal, para que não se contaminassem, mas que pudessem comer a Páscoa. Saiu, pois, Pilatos até eles fora, e disse: Que acusação trazeis contra este homem?

Responderam, e disseram-lhe: Se este não fosse malfeitor, não o entregaríamos a ti. E começaram a acusá-lo, dizendo: Encontramos este homem, que perverte a nação, e proíbe dar tributo a César, dizendo que ele mesmo é Cristo, o Rei. Disse-lhes, pois, Pilatos: Tomai-o vós, e julgai-o segundo vossa lei. Disseram-lhe, pois, os Judeus: Não nos é lícito matar a alguém. Para que se cumprisse a palavra de Jesus, que tinha dito, dando a entender de que morte havia de morrer.

Pilatos interroga Jesus *(Jo 18:33)*

Então Pilatos voltou a entrar no tribunal, e chamou a Jesus, e disse-lhe: És tu o Rei dos Judeus? Respondeu-lhe Jesus: Tu dizes isso de ti mesmo, ou outros te disseram de mim?

Pilatos respondeu: Por acaso eu sou judeu? O teu povo e os chefes dos sacerdotes te entregaram a mim; que fizeste? Respondeu Jesus: Meu Reino não é deste mundo; se meu Reino fosse deste mundo, meus trabalhadores lutariam, para que eu não fosse entregue aos Judeus; mas agora meu Reino não é daqui.

Pilatos delibera *(Jo 18:37, Mt 27:12)*

Disse-lhe, pois, Pilatos: Logo tu és Rei? Respondeu Jesus: Tu dizes que eu sou Rei. Para isto eu nasci, e para isto vim ao mundo: para dar testemunho à verdade. Todo aquele que é da verdade ouve minha voz. Disse-lhe Pilatos: O que é a verdade? E havendo dito isto, voltou a sair aos Judeus, e disse-lhes: Nenhum crime acho nele. Mas vós tendes por costume que eu vos solte um pela páscoa. Quereis, pois que vos solte ao Rei dos Judeus? Voltaram, pois, todos a clamar, dizendo: Não a este, mas a Barrabás! E Barrabás era um ladrão. E, sendo ele foi acusado pelos chefes dos sacerdotes e pelos anciãos, nada respondeu. Pilatos, então, lhe disse: Não ouves quantas coisas estão testemunhando contra ti? Mas Jesus não lhe respondeu uma só palavra, de maneira que o governador ficou muito maravilhado.

Jesus diante de Herodes *(Lc 23:5)*

Mas eles insistiam, dizendo: Ele incita ao povo, ensinando por toda a Judéia, começando desde a Galiléia até aqui. Então Pilatos, ouvindo falar da Galiléia, perguntou se aquele homem era Galileu. E quando soube que era da jurisdição de Herodes, ele o entregou a Herodes, que naqueles dias também estava em Jerusalém. E Herodes, ao ver Jesus, alegrou-se muito, porque havia muito tempo que desejava o ver, pois ouvia muitas coisas sobre ele; e esperava ver algum sinal feito por ele.

E perguntava-lhe com muitas palavras, mas ele nada lhe respondia; E estavam lá os chefes dos sacerdotes, e os escribas, acusando-o com veemência. E Herodes, com seus soldados, desprezando-o, e escarnecendo dele, o vestiu com uma roupa luxuosa, e o enviou de volta a Pilatos. E no mesmo dia Pilatos e Herodes se fizeram amigos; porque antes tinham inimizade um contra o outro.

A esposa de Pilatos (Mt 27:19)

E enquanto ele estava sentado no assento de juiz, sua mulher lhe enviou a seguinte mensagem: Nada faças com aquele justo, pois hoje sofri muito em sonhos por causa dele.

Pilatos não acha culpa em Jesus (Lc 23:13)

E Pilatos, convocando aos chefes dos sacerdotes, aos líderes, e ao povo, disse-lhes: Vós me trouxestes a este homem, como que perverte o povo; e eis que eu, examinando-o em vossa presença, nenhuma culpa eu acho neste homem, das que o acusais. E nem também Herodes; porque a ele eu vos remeti; e eis que ele nada fez para que seja digno de morte. Então eu o castigarei, e depois o soltarei.

Jesus ou Barrabás (Mc 15:6)

E na festa Pilatos lhes soltava um preso, qualquer que eles pedissem. E havia um chamado Barrabás, preso com outros revoltosos, que em uma rebelião tinha cometido uma morte. E a multidão, dando gritos, começou a pedir que fizesse como sempre lhes tinha feito. E Pilatos lhes respondeu, dizendo: Quereis que vos solte ao Rei dos Judeus? (Porque ele sabia, que os chefes dos sacerdotes o entregaram por inveja). Mas os Príncipes dos Sacerdotes agitaram a multidão, para que, ao invés disso, lhes soltasse a Barrabás. E respondendo Pilatos, disse-lhes outra vez: Que, pois, quereis que eu faça do que chamais Rei dos Judeus? E eles voltaram a clamar: Crucifica-o! Mas Pilatos lhes disse: Pois que mal ele fez? E eles clamavam ainda mais: Crucifica-o! Mas Pilatos, querendo satisfazer à multidão, soltou-lhes a Barrabás, e entregou a Jesus açoitado, para que fosse crucificado.

A coroa de espinhos *(Mt 27:27)*

Em seguida, os soldados do governador levaram Jesus consigo ao pretório, ajuntaram-se a ele toda a unidade militar. Eles o despiram e o cobriram com um manto vermelho. E, depois de tecerem uma coroa de espinhos, puseram-na sobre a sua cabeça, e uma cana em sua mão direita. Em seguida, puseram-se de joelhos diante dele, zombando-o e diziam: Felicitações, Rei dos Judeus! E cuspiram nele, tomaram a cana, e deram-lhe golpes na cabeça.

Pilatos tenta soltar Jesus *(Jo 19:4)*

Saiu, pois Pilatos outra vez fora, e disse-lhes: Eis que eu o trago para fora até vós, para que saibais que nenhum crime acho nele. Jesus foi, pois, trazido para fora, levando a coroa de espinhos, e a roupa púrpura. E Pilatos disse-lhes: Eis aqui o homem.

Quando então os principais sacerdotes e os guardas o viram, eles clamaram, dizendo: Crucifica-o! Crucifica-o! Disse-lhes Pilatos: Tomai-o vós, e crucificai-o; porque eu nenhum crime acho nele. Responderam-lhe os Judeus: Nós temos Lei, e segundo nossa Lei ele deve morrer, porque se fez Filho de Deus. Quando, pois, Pilatos ouviu esta palavra, ficou mais atemorizado. E entrou outra vez no tribunal, e disse a Jesus: De onde és tu? Mas Jesus não lhe deu resposta. Disse-lhe, pois Pilatos: Não falas comigo? Não sabes que tenho poder para te crucificar, e tenho poder para te soltar? Respondeu Jesus: Nenhum poder terias contra mim, se não te fosse dado de cima; portanto o que me entregou a ti tem maior pecado.

Desde então Pilatos procurava soltá-lo; mas os Judeus clamavam, dizendo: Se soltas a este, não és amigo de César; qualquer que se faz Rei, contradiz a César. Então Pilatos, ouvindo este dito, levou fora a Jesus, e sentou-se no tribunal, no lugar chamado Litóstrotos, ou pavimento, e em hebraico Gabatá. E era a preparação da páscoa, e quase à hora sexta, e disse aos Judeus: Eis aqui vosso Rei! Mas eles bradaram: Tira, tira, crucifica-o! Disse-lhes Pilatos: Crucificarei a vosso Rei?

Responderam os chefes dos sacerdotes: Não temos outro rei, a não ser César.

Pilatos lava as mãos (Mt 27:24)

Quando, pois, Pilatos viu que nada adiantava, em vez disso se fazia mais tumulto, ele pegou água, lavou as mãos diante da multidão, e disse: Estou inocente do sangue deste justo. A responsabilidade é vossa. E todo o povo respondeu: O sangue dele venha sobre nós, e sobre os nossos filhos.

Soltam Barrabás (Lc 23:24)

Então Pilatos julgou que se fizesse o que pediam. E soltou-lhes ao que fora lançado na prisão por uma rebelião e uma morte, que era o que pediam; porém a Jesus lhes entregou à sua vontade.

Jesus é levado para a crucificação (Mc 15:20, Jo 19:17)

E havendo o escarnecido, despiram-lhe a capa púrpura, e o vestiram de suas próprias roupas, e o levaram fora, para o crucificarem... E levando ele sua cruz, saiu para o lugar chamado a Caveira, que em hebraico se chama Gólgota.

As mulheres choram por Jesus (Lc 23:27)

E seguia-o uma grande multidão do povo, e de mulheres, as quais também ficavam desconsoladas, e lamentavam por ele. E Jesus, virando-se para elas, disse: Filhas de Jerusalém, não choreis por mim, mas chorai por vós mesmas, e por vossos filhos. Porque eis que vêm dias em que dirão: Bem-aventuradas as estéreis, e os ventres que não deram à luz, e os peitos que não amamentaram. Então começarão a dizer aos montes: "Caiam sobre nós; E aos morros: Cobri-nos!" Porque, se fazem isto à árvore verde, o que se fará com a árvore seca?

A crucificação (Mt 27:33, Lc 23:33, Jo 19:23)

E quando chegaram ao lugar chamado Gólgota, que significa "o lugar da caveira", deram-lhe de beber vinagre misturado com fel. E, depois de provar, não quis beber. E havendo-o crucificado, repartiram suas roupas, lançando sortes; para que se cumprisse o que foi dito pelo profeta: "Repartiram entre si minhas roupas, e sobre minha túnica lançaram sortes" O crucificaram ali, e aos *malfeitores, um à direita, e outro à esquerda. Havendo, pois, os soldados crucificado a Jesus, tomaram suas roupas, e fizeram quatro partes, para cada soldado uma parte, e a túnica. E era a túnica sem costura, toda tecida desde cima até baixo.*

Jesus intercede pelos Seus inimigos *(Lc 23:34)*

E Jesus dizia: "Pai, perdoa-lhes, porque não sabem o que fazem."

A hora terceira *(Jo 19:19, Mc 15:25, Mt 27:43)*

E Pilatos também escreveu um título, e o pôs encima da cruz, e estava nele escrito: JESUS NAZARENO, REI DOS JUDEUS. Leram, pois, muitos dos Judeus este título; porque o lugar onde Jesus estava crucificado era perto da cidade; e estava escrito em hebraico, em grego, e em latim. Diziam, pois, os chefes dos sacerdotes dos judeus a Pilatos: Não escrevas: Rei dos Judeus, mas que disse: Sou Rei dos Judeus. Respondeu Pilatos: O que escrevi, escrevi.

E era à hora terceira, e o crucificaram. E a descrição de sua causa estava por cima dele escrita: O REI DOS JUDEUS. E crucificaram com ele dois ladrões, um à sua direita, e outro à esquerda. E cumpriu-se a Escritura que diz: E foi contado com os malfeitores.

E os que passavam, blasfemavam dele, balançando suas cabeças, e dizendo: Ah! Tu que derrubas o templo, e em três dias o edificas; salva-te a ti mesmo, e desce da cruz! E da mesma maneira também os chefes dos sacerdotes, com os escribas, diziam uns para os outros, escarnecendo: Ele salvou a outros, a si mesmo não pode salvar! Que o Cristo, o Rei de Israel, desça agora da cruz, para que o vejamos, e creiamos! Os que estavam crucificados com ele também o insultavam. Confiou em Deus, livre-o agora, se lhe quer bem; pois disse: "Sou Filho de Deus".

Escarnecido pelos soldados *(Lc 23:36)*

E os soldados também escarneciam dele, aproximando-se dele, e mostrando-lhe vinagre; E dizendo: Se tu és o Rei dos judeus, salva a ti mesmo.

Hoje estarás comigo no paraíso (Lc 23:39)

E um dos malfeitores que estavam pendurados o insultava, dizendo: Se tu és o Cristo, salva a ti mesmo, e a nós. Porém o outro, respondendo, repreendia-o, dizendo: Tu ainda não temes a Deus, mesmo estando na mesma condenação? E nós realmente estamos sendo punidos justamente, porque estamos recebendo de volta merecidamente por aquilo que praticamos; mas este nada fez de errado. E disse a Jesus: Senhor, lembra-te de mim, quando chegares em teu Reino. E Jesus lhe disse: Em verdade te digo, hoje estarás comigo no paraíso.

Jesus pede a João por Maria (Jo 19:25)

E estavam junto à cruz de Jesus, sua mãe, e a irmã de sua mãe, Maria mulher de Cleofas, e Maria Madalena. E vendo Jesus a sua mãe, e ao discípulo a quem amava que ali estava, disse a sua mãe: Mulher, eis aí teu filho. Depois disse ao discípulo: Eis aí tua mãe. E desde àquela hora o discípulo a recebeu em sua casa.

A hora sexta: Escuridão sobre a terra (Mt 27:45)

Desde a hora sexta houve trevas sobre toda a terra até a hora nona.

A hora nona: Deus meu, Deus meu! (Mt 27:46, Mt 27:49)

E perto da hora nona, Jesus gritou em alta voz: "Eli, Eli, lamá sabactâni?" Isto é: Deus meu, Deus meu, porque me desamparaste? E alguns dos que ali estavam, quando ouviram, disseram: Ele está chamando Elias. Porém os outros disseram: Deixa, vejamos se Elias vem livrá-lo.

A morte de Jesus (Jo 19:28, Lc 23:46, Jo 19:30b, Lc 23:48)

Depois disto, sabendo Jesus que já todas as coisas estavam feitas, para que a Escritura se cumprisse, ele disse: Tenho sede. Estava, pois ali um vaso cheio de vinagre, e encheram uma esponja de vinagre, e envolvendo-a com hissopo, levaram-na a sua boca.

Quando, pois, Jesus tomou o vinagre, disse: Está consumado; E Jesus, clamando em alta voz, disse: Pai, em tuas mãos eu entrego meu espírito. E tendo dito isto, parou de respirar ...e abaixando a sua cabeça, deu o seu Espírito.

E todas as multidões que se juntavam para observar, vendo o que tinha acontecido, voltaram, batendo nos peitos. E todos os seus conhecidos, e as mulheres que o acompanhando desde a Galiléia, tinham o seguido, estavam longe, vendo estas coisas.

O véu do templo se rasga (Mt 27:51)

E eis que o véu do Templo se rasgou em dois, de cima até embaixo, a terra tremeu, e as pedras se fenderam. Os sepulcros se abriram, e muitos corpos de santos que tinham morrido foram ressuscitados. E, depois de ressuscitarem, saíram dos sepulcros, vieram à santa Cidade, e apareceram a muitos.

O centurião crê (Mt 27:54)

E o centurião, e os que com ele vigiavam Jesus, ao verem o terremoto e as coisas que haviam sucedido, tiveram muito medo, e disseram: Verdadeiramente ele era Filho de Deus. Muitas mulheres, que desde a Galiléia haviam seguido Jesus, e o serviam, estavam ali, olhando de longe. Entre elas estavam Maria Madalena, e Maria mãe de Tiago e de José, e a mãe dos filhos de Zebedeu.

Jesus traspassado (Jo 19:31)

Os Judeus, pois, para que os corpos não ficassem no sábado na cruz, pois era a preparação (porque era o grande dia do Sábado), suplicaram a Pilatos que as pernas deles fossem quebradas, e fossem tirados.

Vieram, pois, os soldados, e na verdade quebraram as pernas do primeiro, e do outro, que fora crucificado com ele. Mas vindo a Jesus, e vendo-o já morto, não quebraram as suas pernas. Mas um dos soldados lhe furou com uma lança o lado, e logo saiu sangue e água. E o que viu isto, o testemunhou; e seu testemunho é verdadeiro, e sabe que é verdade o que diz, para que vós também creiais. Porque estas coisas aconteceram para que se cumprisse a Escritura que diz: Osso dele não será quebrado. E além disso, outra Escritura diz: Verão aquele a quem perfuraram.

No Seu momento mais difícil, os melhores amigos O abandonaram. Ele suportou tudo sozinho e, mesmo sem ter pecado, fez-Se pecado para salvar toda a humanidade. O Seu sacrifício abriu um novo e vivo caminho através do Seu sangue redentor. O Santo ofereceu-Se pelos perdidos, a fim de restaurar filhos e filhas para Deus. A entrega voluntária da Sua vida dividiu a eternidade em duas partes, rompendo a cortina que separava o Santo dos não santos. Agora, o acesso a Deus tornou-se direto e eficaz, por meio do Seu nome – Jesus.

O sacrifício único e eterno de Jesus concedeu aos homens acesso à presença de Deus. Nenhuma outra pessoa seria qualificada para realizar esse sacrifício perfeito e eterno, e nenhum outro nome é digno de ser louvado ou invocado para recebermos algo de Deus.

Muitos pensam que a morte de Jesus foi causada pelo Seu sofrimento na Crucificação. Entretanto, Ele declara que ninguém pode tirar Sua vida e que isso é um mandamento do Pai. Em João 10:17-18, lemos: *"Por isso, o Pai me ama, porque dou a minha vida para tornar a tomá-la. Ninguém a tira de mim, mas eu a dou por minha própria vontade. Tenho autoridade para a dar e para a retomar. Este mandamento recebi de meu Pai."* Compreendemos então, que Sua morte foi um milagre.

Poderíamos pensar que Jesus foi forçado a crucificação pelos soldados romanos, mas Ele mesmo declara que poderia invocar os anjos do céu em Seu auxílio se assim o quisesse. Entendemos, portanto, que toda a Sua trajetória até a morte de cruz já estava determinada por Deus.

Sinais sobrenaturais aconteceram depois de sua morte como: a escuridão que cobriu a terra do meio-dia às três horas da tarde. O véu do templo, que separava o Santo dos Santos, foi rasgado de alto a baixo, o terremoto, e a ressurreição de muitos santos, mostrando que a morte de Jesus trouxe vida.

Marcos 15:32 descreve essa cena, dizendo: *"Também os que com ele foram crucificados o injuriavam."* O que revela que ambos os malfeitores estavam insultando Jesus, mas é interessante notar que, no decorrer da crucificação, um deles entendeu que Jesus era quem dizia ser, se arrependeu e se retratou com o Mestre. Quantos sinais precisamos ver para crer que Deus nos ama e preparou um caminho para a nossa salvação? A diferença entre três personagens é algo digno de observação.

O malfeitor da esquerda decidiu praguejar e insultar o Senhor, como se fosse de Jesus a culpa por ele estar sendo crucificado. Com certeza, já notamos pessoas que nunca admitem seus erros. Para elas, a culpa é sempre de outra pessoa. Essas pessoas vivem no pessimismo e estão sempre observando e apontando o erro dos outros.

O Centurião também não conseguiu ver a Salvação em Jesus, mesmo estando tão perto do Mestre e participando das Suas últimas horas. Apenas depois de Sua morte ele prestou atenção nos sinais. Esses sinais foram tão contundentes que o Centurião creu. Ao ver os fenômenos, reconheceu que Jesus era o Filho de Deus, mas não sabemos se ele se converteu.

Já o malfeitor arrependido, mesmo sem ver os sinais, creu em Jesus e foi salvo. Nunca saberemos qual foi o ponto decisivo que converteu esse homem. Será que foi a forma calma e tranquilidade de Jesus? Foi a sua autoridade ao falar? Talvez ele escutou os diálogos do Senhor com Pilatos e refletiu sobre a salvação. Uma certeza é que, ele não precisou ver os fenômenos da morte de Jesus. Ele não esperou pelo terremoto ou pela escuridão da terra para crer. Jesus reconheceu o seu arrependimento e sua genuína mudança de pensamento. Quantas pessoas gostariam de ouvir de Jesus o que aquele homem ouviu?

Que mudança de atitude ele teve! Até nos últimos momentos da vida Jesus está de braços abertos para nos receber, perdoar e dar-nos a vida eterna. Enquanto houver vida, existirá uma porta aberta, e essa porta é Jesus, no entanto, o momento final muitas vezes é rápido e imprevisível. Por isso, hoje é o dia de salvação, porque o amanhã não nos pertence.

Se crermos no Filho de Deus como nosso único e suficiente salvador, certamente Ele nos receberá!

que mais lhe chamou atenção?

_____

_____

_____

_____

omo essa reflexão pode fortalecer sua vida espiritual?

_____

_____

_____

_____

que você diria a jesus hoje?

_____

_____

_____

_____

_____

_____

"E eu lhes dou a vida eterna, e para sempre não perecerão, e ninguém as arrancará de minha mão. Meu Pai, que as deu para mim, é maior que todos; e ninguém pode arrancá-las da mão de meu Pai. Eu e o Pai somos um."

João 10:28-30

RESSURREIÇÃO E OS QUARENTA DIAS

A escuridão pairava sobre a terra e os inimigos da luz festejavam as suas obras, mas entre a escuridão e a Luz existia uma promessa – ao terceiro dia ressuscitarei! Os fariseus confiaram nos soldados, os soldados confiaram na pedra, mas o Verbo trouxe vida e ressurreição. Poderia uma palavra trazer de volta a vida e remover uma pedra forte? Que sorte teria aquele que sucumbiu para a morte? Não era qualquer palavra, era o Verbo da vida que criou os mundos e que com o sopro pôs os firmamentos no lugar. A Sua força não tem limites, há não ser os criados por Ele. Ao terceiro dia, a caverna escura conheceu a luz que formou o mundo e a forte pedra que impedia a entrada não impediu a saída do Salvador. As vestes humanas deram lugar às vestes da eternidade, e onde antes estava Seu corpo, restavam apenas memórias. Ele nos ergueu na cruz para depois nos ressuscitar junto com Ele.

A pedra removida (Mt 28:2)

E eis que houve um grande terremoto; porque um anjo do Senhor desceu do céu, chegou, e moveu a pedra da entrada, e ficou sentado sobre ela. A aparência dele era como um relâmpago, e sua roupa branca como a neve. E de medo dele os guardas temeram muito, e ficaram como mortos.

As mulheres vão ao sepulcro (Mc 16:1)

E passado o sábado, Maria Madalena, e Maria mãe de Tiago, e Salomé, compraram especiarias, para virem, e o ungirem. E manhã muito cedo, o primeiro dia da semana, vieram ao sepulcro, o sol já saindo. E diziam umas às outras: Quem nos revolverá a pedra da porta do sepulcro? Porque era muito grande. E observando, viram que já a pedra estava revolta.

A ressurreição anunciada (Mc 16:5, Mt 28:5, Lc 24:5b, Mt 28:7, Mc 16:8b)

E entrando no sepulcro, viram um rapaz sentado à direita, vestido de uma roupa comprida branca; e elas se espantaram. Mas ele lhes disse: Não vos espanteis; buscais a Jesus Nazareno crucificado; ele já ressuscitou; não está aqui; eis aqui o lugar onde o puseram. Porém ide, dizei a seus discípulos e a Pedro, que ele vos vai adiante para a Galiléia; ali o vereis, como ele vos disse. Mas o anjo disse às mulheres: Não vos atemorizeis, pois eu sei que buscais Jesus, o que foi crucificado. Ele não está aqui, pois já ressuscitou, como ele disse. Vinde ver o lugar onde o Senhor jazia....

Por que buscam entre os mortos aquele que vive? Ele não está aqui, mas já ressuscitou. Lembrai-vos de como ele vos falou, quando ainda estava na Galiléia, Dizendo: É necessário que o Filho do homem seja entregue nas mãos de homens pecadores, e que seja crucificado, e ressuscite ao terceiro dia. E se lembraram das palavras dele... Ide depressa dizer aos seus discípulos que ele ressuscitou dos mortos; e eis que vai adiante de vós para a Galiléia; ali o vereis. Eis que eu tenho vos dito. Então elas saíram apressadamente do sepulcro, com temor e grande alegria, e correram para anunciar aos seus discípulos. ... e não diziam nada a ninguém, porque temiam.

Os guardas avisam aos sacerdotes (Mt 28:11)

Enquanto elas iam, eis que alguns da guarda vieram à cidade, e anunciaram aos chefes dos sacerdotes tudo o que havia acontecido. Então eles se reuniram com os anciãos, depois de decidirem em conjunto, deram muito dinheiro aos soldados, dizendo: Falai: "Os discípulos dele vieram de noite, e o furtaram enquanto estávamos dormindo". E, se isto for ouvido pelo governador, nós o persuadiremos, e vos manteremos seguros. Eles tomaram o dinheiro e fizeram como foram instruídos. E este dito foi divulgado entre os judeus até hoje.

Pedro e João são avisados (Jo 20:2)

Correu, pois [Maria Madalena] e veio a Simão Pedro, e ao outro discípulo a quem Jesus amava, e disse-lhes: Tomaram o Senhor do sepulcro, e não sabemos onde o puseram.

Pedro e João correm ao sepulcro *(Jo 20:3)*

Pedro saiu, pois, e o outro discípulo também, e vieram ao sepulcro. E corriam estes dois juntos: e o outro discípulo correu adiante mais depressa que Pedro, e chegou primeiro ao sepulcro. E abaixando-se, viu estar os lençóis; entretanto não entrou.

Chegou, pois, Simão Pedro seguindo-o, e entrou no sepulcro, e viu estar os lençóis ali. E o lenço que fora posto sobre sua cabeça, não o viu estar com os lençóis, mas estava dobrado em um lugar à parte.

Então pois entrou também o outro discípulo, que primeiro chegara ao sepulcro, e viu, e creu. Porque ainda não entendiam a Escritura, que era necessário que ressuscitasse dos mortos. Voltaram, pois, os Discípulos para a casa deles.

Jesus aparece para Maria Madalena *(Mc 16:9, Jo 20:11, Mc 16:10)*

E Jesus, tendo ressuscitado pela manhã, o primeiro da semana, apareceu primeiramente a Maria Madalena, da qual tinha expulsado sete demônios. E Maria estava fora chorando junto ao sepulcro. Estando ela, pois chorando, abaixou-se para ver o sepulcro. E viu a dois anjos vestidos de branco, sentados um à cabeceira, e o outro aos pés, onde estava posto o corpo de Jesus.

E disseram-lhe eles: Mulher, por que choras? Disse-lhes ela: Porque levaram a meu Senhor, e não sei onde o puseram. E havendo dito isto, virou-se para trás, e viu Jesus em pé, e não sabia que era Jesus.

Disse-lhe Jesus: Mulher, por que choras? A quem buscas? Ela, pensando que era o jardineiro, disse-lhe: Senhor, se tu o levaste, diga-me onde o puseste, e eu o levarei. Disse-lhe Jesus: Maria! Ela, virando-se, disse-lhe: Rabôni! (Que quer dizer Mestre).

Disse-lhe Jesus: Não me detenhas; porque ainda não subi para o meu Pai; porém vai a meus irmãos, e dize-lhes: Subo para meu Pai, e para vosso Pai; para meu Deus, e para vosso Deus...

Esta, tendo indo, anunciou aos que estiveram com ele, os quais estavam tristes e chorando. E eles, ao ouvirem que ele vivia, e que tinha sido visto por ela, não creram.

Jesus aparece para as outras mulheres (Mt 28:9)

E, enquanto elas iam anunciar aos seus discípulos, eis que Jesus veio ao encontro delas, e disse: Saudações. Elas se aproximaram, pegaram os pés dele, e o adoraram. Jesus, então, lhes disse: Não temais. Ide anunciar aos meus irmãos para eles irem à Galiléia, e ali me verão.

As mulheres relatam aos discípulos (Lc 24:9)

E, voltando do sepulcro, anunciaram todas estas coisas aos onze, e a todos os outros. E eram Maria Madalena, e Joana, e Maria mãe de Tiago, e as outras que estavam com elas, que diziam estas coisas aos apóstolos. E para eles, as palavras delas pareciam não ter sentido; e não creram nelas.

Jesus aparece a dois discípulos indo para Emaús (Lc 24:13)

E eis que dois deles iam naquele mesmo dia a uma aldeia, cujo nome era Emaús, que estava a sessenta estádios de distância de Jerusalém. E iam falando entre si de todas aquelas coisas que tinham acontecido.

E aconteceu que, enquanto eles estavam conversando entre si, e perguntando um ao outro, Jesus se aproximou, e foi junto deles. Mas seus olhos foram retidos, para que não o reconhecessem.

E disse-lhes: Que conversas são essas, que vós discutis enquanto andam, e ficais tristes? E um deles, cujo nome era Cleofas, respondendo-o, disse-lhe: És tu o único viajante em Jerusalém que não sabe as coisas que nela tem acontecido nestes dias? E ele lhes disse: Quais? E eles lhe disseram: As sobre Jesus de Nazaré, a qual foi um homem profeta, poderoso em obras e em palavras, diante de Deus, e de todo o povo. E como os chefes dos sacerdotes, e nossos líderes o entregaram à condenação de morte, *e o crucificaram. E nós esperávamos que ele fosse aquele que libertar a Israel; porém além de tudo isto, hoje é o terceiro dia desde que estas coisas aconteceram.*

Ainda que também algumas mulheres dentre nós nos deixaram surpresos, as quais de madrugada foram ao sepulcro; E não achando seu corpo, vieram, dizendo que também tinham visto uma aparição de anjos, que disseram que ele vive.

E alguns do que estão conosco foram ao sepulcro, e o acharam assim como as mulheres tinham dito; porém não o viram. E ele lhes disse: Ó tolos, que demoram no coração para crerem em tudo o que os profetas falaram! Por acaso não era necessário que o Cristo sofresse estas coisas, e então entrar em sua glória? E começando de Moisés, e por todos os profetas, lhes declarava em todas as Escrituras o que estava escrito sobre ele. E chegaram à aldeia para onde estavam indo; e ele agiu como se fosse para um lugar mais distante.

Jesus se revela aos dois discípulos (Lc 24:29)

E eles lhe rogaram, dizendo: Fica conosco, porque já é tarde, e o dia está entardecendo; E ele entrou para ficar com eles. E aconteceu que, estando sentado com eles à mesa, tomou o pão, abençoou-o, e partiu, e o deu a eles. E os olhos deles se abriram, e o reconheceram, e ele lhes desapareceu.

E diziam um ao outro: Por acaso não estava nosso coração ardendo em nós, quando ele falava conosco pelo caminho, e quando nos desvendava as Escrituras? E levantando-se na mesma hora, voltaram para Jerusalém, e acharam reunidos aos onze, e aos que estavam com eles, Que diziam: Verdadeiramente o Senhor ressuscitou, e já apareceu a Simão.

Eles regressam a Jerusalém para avisar (Lc 24:33)

E levantando-se na mesma hora, voltaram para Jerusalém, e acharam reunidos aos onze, e aos que estavam com eles, que diziam: Verdadeiramente o Senhor ressuscitou, e já apareceu a Simão.

Jesus aparece aos discípulos sem Tomé (Lc 24:35)

E eles contaram as coisas que lhes aconteceram no caminho; e como foi reconhecido por eles quando partiu o pão. E enquanto eles falavam disto, o próprio Jesus se pôs no meio deles, e lhes disse: Paz seja convosco. E eles, espantados, e muito atemorizados, pensavam que viam algum espírito.

E ele lhes disse: Por que estais perturbados, e por que sobem dúvidas em vossos corações? Vede minhas mãos, e os meus pés, que sou eu mesmo. Tocai-me, e vede, porque um espírito não tem carne nem ossos, como vós vedes que eu tenho. E dizendo isto, lhes mostrou as mãos e os pés.

E eles, não crendo ainda, por causa da alegria, e maravilhados, Jesus disse-lhes: Tendes aqui alguma coisa para comer? Então eles lhe apresentaram parte de um peixe assado e de um favo de mel. Ele pegou, e comeu diante deles.

E disse-lhes: Estas são as palavras que eu vos disse, enquanto ainda estava convosco, que era necessário que se cumprissem todas as coisas que estão escritas sobre mim na Lei de Moisés, nos profetas, e nos Salmos. Então ele lhes abriu o entendimento, para que entendessem as Escrituras.

Os apóstolos recebem o Espírito Santo (Jo 20:21)

Disse-lhes, pois, Jesus outra vez: Tenhais Paz! Como o Pai me enviou, assim eu vos envio. **E havendo dito isto, soprou sobre eles, e disse-lhes: Recebei o Espírito Santo.** A quem quer que perdoardes os pecados, lhes são perdoados; e a quem quer que vós retiverdes os pecados, lhes são retidos.

A incredulidade de Tomé (Jo 20:24)

E a Tomé, um dos doze, chamado o Dídimo, não estava com eles, quando Jesus veio. Disseram-lhe, pois, os outros discípulos: Vimos ao Senhor. Porém ele lhes disse: Se em suas mãos não vir o sinal dos cravos, e não pôr meu dedo no lugar dos cravos, e não pôr minha mão em seu lado, em maneira nenhuma crerei.

Jesus aparece a Tomé *(Jo 20:26)*

E oito dias depois, estavam os discípulos outra vez dentro, e com eles Tomé; e veio Jesus, fechadas já as portas, e pôs-se no meio, e disse: Tenhais paz! Depois disse a Tomé: Põe teu dedo aqui, e vê minhas mãos; e chega tua mão, e toca-a em meu lado; e não sejas incrédulo, mas sim crente.

E respondeu Tomé e disse-lhe: Senhor meu, e Deus meu! Disse-lhe Jesus: Porque me viste, Tomé, creste; bem-aventurados aqueles que não virem, e crerem.

Jesus aparece a sete discípulos - A pesca milagrosa *(Jo 21:1)*

Depois disto Jesus se manifestou outra vez aos discípulos, junto ao mar de Tiberíades; e manifestou-se assim: Estavam juntos Simão Pedro, e Tomé (chamado o Dídimo), e Natanael (o de Caná de Galiléia), e os filhos de Zebedeu, e outros dois de seus discípulos.

Disse-lhes Simão Pedro: Vou pescar. Disseram-lhe eles: Também nós vamos contigo. Foram, e subiram logo no barco; e aquela noite nada pescaram. E fazendo-se já manhã, Jesus se pôs na praia; porém os discípulos não sabiam que era Jesus. Então Jesus lhes disse: Filhinhos, tendes algo para comer?

Responderam-lhe: Não. E ele lhes disse: Lançai a rede do lado direito do barco, e achareis. Lançaram-na, pois, e já não a podiam tirar pela multidão dos peixes.

Disse, pois, aquele discípulo, a quem Jesus amava, a Pedro: É o Senhor! Ouvindo, pois, Simão Pedro que era o Senhor, vestiu-se com a roupa, (porque estava nu), e lançou-se ao mar.

E os outros discípulos vieram com o barquinho (porque não estavam longe da terra, mas sim a cerca de duzentos côvados) trazendo a rede de peixes. Quando, pois, desceram à terra, viram já as brasas postas, e um peixe posto nelas, e mais pão.

Disse-lhes Jesus: Trazei dos peixes que pescastes agora. Simão Pedro subiu, e puxou a rede para a terra, cheia de cento e cinquenta e três grandes peixes; e sendo tantos, a rede não se rompeu. Disse-lhes Jesus: Vinde, jantai. E nenhum dos discípulos ousava lhe perguntar: Tu quem és? Sabendo que era o Senhor. Então Jesus veio, e tomou o pão, e deu-o a eles; e da mesma maneira o peixe. E esta era já a terceira vez que Jesus se manifestou a seus discípulos, depois de haver ressuscitado dos mortos.

Aparição aos onze na Galiléia (Mt 28:16)

Os onze discípulos se foram para a Galiléia, ao monte onde Jesus os tinha ordenado. E quando o viram, o adoraram; porém alguns duvidaram. Jesus se aproximou deles, e lhes falou: Todo o poder me é dado no céu e na terra.

Aparição a mais de quinhentas pessoas (1Co 15:6)

Depois foi visto de uma vez, por mais de quinhentos irmãos, dos quais a maioria ainda vive, e também alguns já dormem.

A grande comissão (Mt 28:19, Mc 16:16)

Portanto ide, fazei discípulos a todas as nações, batizando-os em nome do Pai, do Filho, e do Espírito Santo, ensinando-lhes a guardar todas as coisas que eu vos tenho mandado. E eis que eu estou convosco todos os dias, até o fim dos tempos. Amém... quem crer e for batizado será salvo; mas quem não crer será condenado.

Os sinais seguirão aos que crerem (Mc 16:17)

E estes sinais seguirão aos que crerem: em meu nome expulsarão demônios; falarão novas línguas; pegarão serpentes com as mãos; e se beberem alguma coisa mortífera, não lhes fará dano algum; porão as mãos sobre os enfermos, e sararão.

Jesus abre o entendimento dos discípulos (Lc 24:44)

E disse-lhes: Estas são as palavras que eu vos disse, enquanto ainda estava convosco, que era necessário que se cumprissem todas as coisas que estão escritas sobre mim na Lei de Moisés, nos profetas, e nos Salmos. Então ele lhes abriu o entendimento, para que entendessem as Escrituras.

E disse-lhes: Assim está escrito, e assim era necessário que o Cristo sofresse, e que ao terceiro dia ressuscitasse dos mortos; E que em seu nome fosse pregado arrependimento e perdão de pecados em todas as nações, começando de Jerusalém. E destas coisas vós sois testemunhas.

As últimas instruções (Lc 24:49, At 1:4)

E eis que eu envio a promessa de meu Pai sobre vós; porém ficai vós na cidade de Jerusalém, até que vos seja dado poder do alto. E os levou para fora até Betânia, e levantando suas mãos, os abençoou... E, reunindo-os, mandou-lhes que não saíssem de Jerusalém, mas que esperassem a promessa do Pai que disse vós de mim ouvistes. Porque João batizou com água, mas vós sereis batizados com o Espírito Santo, não muitos dias depois destes.

Então aqueles que tinham se reunido lhe perguntaram, dizendo: Senhor, tu restaurarás neste tempo o Reino a Israel? E ele lhes disse: Não pertence a vós saber os tempos ou estações que o Pai pôs em sua própria autoridade. Mas vós recebereis poder do Espírito Santo, que virá sobre vós; e vós sereis minhas testemunhas, tanto em Jerusalém como em toda a Judéia, e Samaria, e até aos confins da terra.

A ascensão do Senhor (Lc 24:50, At 1:10)

E os levou para fora até Betânia, e levantando suas mãos, os abençoou. E aconteceu que, enquanto os abençoava, ele se afastou deles, e foi conduzido para cima ao céu...E enquanto eles estavam com os olhos fixos ao céu, depois dele ter ido, eis que dois homens de roupas brancas se puseram junto a eles; os quais também disseram: Homens galileus, por que estais olhando para o céu? Este Jesus, que foi tomado de vós acima ao céu, assim virá, da maneira como o vistes ir ao céu.

A ressurreição de Jesus foi o evento mais importante da história da humanidade, não apenas do Cristianismo, pois Ele foi o único ser humano a vencer a morte pelo Seu próprio poder e subir ao céu. Por meio da ressurreição, Jesus provou de forma incontestável a Seus seguidores e ao mundo que tudo o que pregou e prometeu era verdade. Aqueles que testemunharam esse acontecimento reconheceram, de uma vez por todas, que Jesus era o Messias, o Filho de Deus, e que, por meio Dele, todas as profecias foram cumpridas.

Todas as vezes que Jesus falava sobre Sua morte e ressurreição, era como se um véu cobrisse os olhos de Seus discípulos. Eles ouviam, mas não compreendiam. Tudo isso mudou quando testemunharam Jesus ressurreto. O fato de Ele manter as cicatrizes da crucificação, comer com eles, ser tocado e, ao mesmo tempo, atravessar portas fechadas e desaparecer repentinamente, deu-lhes uma amostra do que um corpo glorificado pode fazer. A última demonstração desse corpo ocorreu quando Jesus subiu aos céus, revelando que nem a terra tinha poder para detê-Lo.

Toda essa demonstração de glória fez com que os discípulos seguissem seus chamados até a morte. Não havia mais retorno à pesca nem tristeza pela separação do Mestre. Os discípulos sofreram perseguições e mortes terríveis por serem testemunhas desse Evangelho. A experiência que tiveram com Jesus durante os quarenta dias após a Ressurreição solidificou ainda mais a fé deles e impulsionou a propagação do evangelho. Graças a esses discípulos, a mensagem atravessou gerações até chegar a nós. Depois de verem Jesus ressuscitado, nem mesmo a morte os fez negar sua fé.

Qual a diferença entre a ressurreição de Lázaro e a de Jesus? Lázaro morreu devido à maldição do pecado humano e, posteriormente, voltou a morrer. Por outro lado, Jesus, sem pecado, tomou sobre si os pecados da humanidade para resgatá-la. Ao ressuscitar, uniu-se ao Seu corpo glorificado e não experimentou mais a morte, mas a vida eterna ao lado do Pai.

Os benefícios da Ressurreição de Jesus

A ressurreição de Jesus nos outorgou muitos benefícios, como: o direito à ressurreição futura, vida eterna, justificação diante do Pai, autoridade sobre as potestades do mal, vitória sobre a morte, nova vida e o Espírito Santo habitando em nós.

A ressurreição futura

"Porque, se cremos que Jesus morreu e ressuscitou, assim também aos que em Jesus dormem Deus os tornará a trazer com ele." 1 Tessalonicenses 4:14

Vida eterna para todos os que creem

"Eu sou a ressurreição e a vida; quem crê em mim, ainda que esteja morto, viverá." João 11:25

Justificados pela Sua ressurreição

Jesus apresentou ao Pai o Seu sacrifício pela humanidade, e, porque Ele ressuscitou, isso significa que o Pai aceitou o Seu sacrifício e nós fomos ressuscitados juntamente com Ele. Por esse motivo, também estamos assentados com Jesus em Seu trono.

Por meio do sacrifício, do sangue e da ressurreição de Jesus, Deus nos recebe como se nunca tivéssemos pecado. Fomos salvos pelo Seu sangue e restaurados pela Sua ressurreição!

Vitória sobre a morte e os principados

Jesus conquistou a vitória sobre a morte e os principados do mal através da Ressurreição. *"Eu sou aquele que vive; estive morto, mas agora estou vivo para todo o sempre! E tenho as chaves da morte e do inferno."* Apocalipse 1:18

Ao vencer a morte, Jesus garantiu a justificação e a nova vida para aqueles que creem. *"Pela Sua ressurreição, somos declarados justos diante de Deus, pois Cristo venceu o pecado e nos reconciliou com o Pai"* Romanos 4:25

Nova vida

A nova vida nos foi outorgada através de Sua ressurreição como vemos em 1 Pedro 1:3 *"Bendito seja o Deus e Pai de nosso Senhor Jesus Cristo, que, segundo a sua grande misericórdia, nos gerou de novo para uma viva esperança, pela ressurreição de Jesus Cristo dentre os mortos."*

Templo do Espírito Santo

Após a ressurreição, Jesus prometeu o Espírito Santo como Consolador. *"E eu rogarei ao Pai, e ele vos dará outro Consolador, para que fique convosco para sempre, o Espírito da verdade, que o mundo não pode receber, porque não o vê, nem o conhece; mas vós o conheceis, porque habita convosco e estará em vós."* João 14:16-17. Os religiosos não entenderam como Jesus iria destruir o templo e reconstruí-lo em três dias. Eles não imaginavam que Ele se referia ao Seu próprio corpo e que, por meio da Sua ressurreição, a humanidade se tornaria o novo templo do Espírito Santo de Deus em 1 Coríntios 6:19-20. *"Ou não sabeis que o nosso corpo é o templo do Espírito Santo, que habita em vós, proveniente de Deus, e que não sois de vós mesmos? Porque fostes comprados por bom preço; glorificai, pois, a Deus no vosso corpo e no vosso espírito, os quais pertencem a Deus."*

Tudo isso só foi possível porque Jesus enfrentou e venceu a morte, o inferno e as potestades do mal pela autoridade da Sua Palavra e pelo poder do Deus a Ele concedido. O Pai lhe deu testemunho e a Sua palavra era a mesma que a de Deus.

Se Jesus não tivesse ressuscitado, vã seria a nossa fé, pois a morte teria encerrado Suas promessas e Seu ministério. No entanto, a morte não pôde detê-Lo — o inferno perdeu suas chaves! Todas as potestades do mal foram despojadas, humilhadas publicamente e derrotadas para sempre pela cruz. Ele ressuscitou!

que mais lhe chamou atenção?

_____

_____

_____

_____

omo essa reflexão pode fortalecer sua vida espiritual?

_____

_____

_____

_____

que você diria a jesus hoje?

_____

_____

_____

_____

_____

_____

_____

"Bendito seja o Deus e Pai de nosso Senhor Jesus Cristo. Segundo sua grande misericórdia, ele nos regenerou para uma esperança viva, por meio da ressurreição de Jesus Cristo dentre os mortos. E o resultado disso é uma herança incorruptível, incontaminável, e que não pode ser enfraquecida."

I Pedro 1:3-4

www.ingramcontent.com/pod-product-compliance
Lightning Source LLC
Chambersburg PA
CBHW032118040426
42449CB00005B/183